THE PASSPORT PROGRAM

REBT 기반 인성교육 프로그램 ②

창의적 사고와 포용을 중심으로

Ann Vernon 저 | 박경애 · 박수진 · 김석우 · 정다운 공역

중학생용
13~15세 권장

학지사

역자 서문

이 책의 저자 Ann Vernon은 상담 및 심리치료 이론으로 독보적인 위치에 있는 인지행동치료의 원조 Rational Emotive Behavior Therapy를 아동 및 청소년기 연령의 대상자에게 적용할 수 있는 많은 프로그램을 개발하였다. 특히 2006년에 REBT 프로그램을 아동 및 청소년에게 적용할 수 있는 『Thinking, Feeling, Behaving: An Emotional Education Curriculum for children Grade 1−6』과 『Thinking, Feeling, Behaving: An Emotional Education Curriculum for Grades 7−12』의 저서가 대표적인데, 이는 역자대표에 의해 2018년 『REBT를 활용한 정서교육 프로그램 1』과 『REBT를 활용한 정서교육 프로그램 2』로 번역하여 한국의 독자들에게 선을 보였다. 이 책의 반응이 좋았기 때문에 Ann Vernon에 의한 후속 저서인 PASSPORT 프로그램을 번역하여 『REBT 인성교육 프로그램』이라는 이름으로 다시금 세상에 내놓게 되었다.

이 책의 내용은 각 연령 단계를 8세에서 12세, 13에서 15세, 그리고 16세에서 19세로 세분하여 정서 영역, 사회성 영역, 인지 영역, 그리고 자기 자신에 대한 영역으로 구분하여 REBT 기초 개념을 적용하여 전반적인 건강성을 증진하고 함양하기 위한 다양한 활동 프로그램을 제시하고 있다.

일선에서 상담을 수행하면서 깨닫게 되는 것은 문제가 생긴 다음에 이를 교정하고 치료하는 것보다, 문제가 발생하기 전에 예방을 하는 것이 무엇보다도 중요하다는 것이다. 이 책을 활용하면 이 연령대의 아동 및 청소년들과 집단으로 활동하면서 문제 상태로의 진입 자체를 차단하며 연대 의식을 강화할 수 있다. 또한 아동 및 청소년들에게 REBT의 기본 개념을 삶의 지표로 하여 삶에 대한 깊은 철학적 심지를 심어 줄 수 있다. 부디 이 책이 일선 현장의 교사나 상담자에 의해서 많이 활용되기를 기대해 본다.

이 책이 출간될 수 있도록 번역 작업에 참여해 주신 REBT연구회의 김미경 박사, 조화준 선생, 김현정 선생, 함현미 선생, 박수진 박사, 김석우 선생께 감사하며 오랜 캐나다 생활을 바탕으로 문화의 차이를 고려하여 번역이 되었는지를 살펴보아 준 정다운 선생께도 고마움을 표한다. 마지막으로, 편집을 맡아 고생해 주신 학지사의 김준범 부장, 백소현 차장께도 심심한 감사를 드린다.

광운대 연구실에서 역자대표 박경애

추천의 글

1970년대 초 합리적－정서교육(Rational-Emotive Education: REE)은 앨버트 엘리스(Albert Ellis)의 눈을 번뜩이게 했습니다. 그가 가장 초기에 시도한 것 중 하나는 뉴욕에 있는 합리적 생활연구소(Institute for Rational Living)가 운영하는 선구적인 학교인 리빙 스쿨(Living School)이었습니다.

이후 교육자와 정신건강 전문가들은 합리적 사고와 정서적 자기관리 기술을 활용하여 아동·청소년들의 긍정적인 정신건강을 기르는 데 큰 도약을 이루어 냈습니다. 가장 풍부하고 창의적인 공헌들 중 하나는 미국의 뛰어난 상담교육자 중 한 명인 앤 버논(Ann Vernon)에 의해 이루어졌습니다. 그녀가 저술한 합리적 정서교육과정에 대한 두 권의 책은 미국과 해외의 학교 및 상담센터에서 널리 사용되고 있습니다.

이 책에서 버논 박사는 어떻게 하면 청소년들이 행복하고, 자기수용적이며, 잘 기능하는 성인이 되도록 도울 수 있는지에 대한 그녀의 생각을 드러냅니다. 요즘 아이들은 정상적인 발달 문제뿐만 아니라 이전 세대에서는 상상할 수 없었던 무수히 많은 잠재적 스트레스 요인에 직면해 있습니다. 교육자, 부모, 정신건강 전문가로서 우리는 분명히 우리의 아이들이 자기비하, 비합리적인 생각, 쇠약하게 하는 감정, 그리고 자기패배적인 행동으로부터 보호하도록 돕기 위해 동원할 수 있는 모든 자원이 필요할 것입니다.

이 책의 특별한 점은 모든 문화적, 사회경제적 배경을 가진 청소년들에게 적용할 수 있는 다양한 에피소드를 제공한다는 것입니다. 여기에는 시험을 잘 못 치르거나 불공평과 거절에 대처하거나, 삶에 지장을 주는 가족상황이나 친구들의 유혹에 대처하는 상황들이 다루어집니다. 버논 박사는 아동·청소년들의 경험적 세계를 들여다보는 데 탁월합니다. 이 책의 시리즈에서 등장하는 많은 이야기들은 청소년들 스스로에 의한 투쟁과, 어떻게 그들이 합리적 사고 능력을 사용하여 자기수용력을 높이고 힘든 감정을 다루며 자기비하 행동을 극복할 수 있었는지에 대한 1인칭 서술입니다. 학교 수업과 상담시설 모두에 적용 가능한 각각의 교육들은 청소년들이 지적 통찰력으로부터 개념과 기술을 자신의 삶에 적용할 수 있도록 발달의 적절한 자극 활동과 그 자극에 대처하는 기술, 후속 질문과 활동들을 제시합니다.

이 실용적인 자료는 자신의 가치관이 확고하고, 삶의 스트레스 요인 및 어려움에 탄력적이고 유연하게 대처하며, 효과적이고 책임감 있게 타인과 관계를 맺고 꿈을 추구할 수 있도록 아동·청소년들을 성장시켜 주고자 하는 모든 사람에게 큰 도움이 될 것입니다.

앨버트엘리스연구소 부소장
자넷 L. 울프 박사

감사의 글

이 책을 포함해서 8~12세, 16~19세 아동·청소년을 위해 간행된 1권과 3권은 우리가 아이들의 성장 과정을 간과할 수 없다는 확신을 보여 주는 결과물입니다. 오히려 아동·청소년들이 완전히 성장하기 전에 포기하지 않도록 각 발달 단계를 어떻게 잘 헤쳐 나갈 수 있는지 체계적으로 가르쳐야 합니다. 제가 볼 때, 청소년들에게 인지정서행동치료(REBT)의 원리를 성장 문제에 적용하는 방법을 가르치는 것보다 더 좋은 것은 없다고 생각합니다. 저는 수년간 아동·청소년들과 함께 인지정서행동치료를 사용해 왔습니다. 앨버트 엘리스(Albert Ellis), 자넷 울프(Janet Wolfe), 레이 디지우세폐(Ray DiGiuseppe), 도미니크 디마티아(Dominic DiMattia)가 그들의 전문적인 지식을 공유하고 이러한 개념을 교육 환경에 적용하려는 저의 노력을 지지해 준 것에 감사의 말씀을 전합니다.

저는 제 자료에 대해 철저한 검토와 비평을 해 준 데이비드 마르티노(David Martino)에게 감사의 마음을 전하며, 이러한 자료들을 수집하고 많은 제안을 해 준 제 제자들이기도 했던 학교 상담교사들에게도 감사의 말을 전해 드립니다.

이 프로젝트를 진행하는 동안 열렬히 지지해 주고 여러 제안을 해 주면서 많은 도움을 주신 Research Press 직원인 앤 웬델(Ann Wendel), 러스 펜스(Russ Pence), 케렌 스테이너(Karen Steiner)에게도 감사 인사를 전합니다. 그들과 함께 일하는 것은 언제나 즐겁습니다.

마지막으로, 저의 개인상담에서 그들의 자녀와 함께 일할 수 있도록 저를 믿어 주신 부모님들께 감사의 마음을 전하고 싶습니다. 무엇보다 저의 내담자였던 청소년들에게 깊은 감사를 드립니다. 이 책들의 많은 아이디어는 제가 그들과 함께했던 작업에서 비롯되었습니다. 그들을 통해 배운 것들은 매우 값진 것이었고, 개입의 결과로 그들이 어떻게 더 건강한 방식으로 생각하고 느끼고 행동할 수 있는지를 보는 것은 만족스러운 일이었습니다. 여기에 실린 이야기들은 모두 아이들이 저와 나눈 실제 경험을 바탕으로 한 것입니다. 이 책을 포함한 나머지 두 권의 책에 실린 이야기와 시(詩)도 청소년들이 썼는데, 이들은 모두 '자신의 이야기를 들려주는 것'이 다른 또래 아이들의 발달 과정에 도움이 되기를 바라는 마음으로 썼습니다.

서론: 발달의 관점

'그때는 과거였고, 지금은 현재이다. 어떤 것은 변하고 어떤 것은 변하지 않는다.' 이 두 구절은 제가 아동·청소년 발달에 대해 되새겨 볼 때 생각하는 것들을 정확하게 묘사하고 있습니다. 어떤 면에서, 오늘날 청소년으로 산다는 것은 우리 중 많은 사람들이 자랄 때와는 상당히 달라졌습니다. 그 당시에는 우리가 '신체적인' 병이 있을 경우에 약을 썼습니다. 하지만 요즘 청소년들은 '정서적인' 통증을 위해 약을 씁니다. 그 당시에 폭력은 큰 도시에서 가끔 일어났었지만, 이제 폭력은 어디에든 존재하고 아동·청소년들의 삶에 엄청난 영향을 끼칩니다. 그 당시만 해도 청소년의 우울증은 드물었지만, 이제는 거의 유행병처럼 존재합니다. 이제 대부분의 아이들은 맞벌이 가정에서 자라며, 그들 중 많은 아이들은 한부모 가정이나 혼합된 가정 구조를 가지고 살고 있습니다. 그리고 그 당시에는 아동 자살이나 청소년 자살에 대해 거의 듣지 못했지만, 지금은 청소년들의 두 번째로 주요한 사망 원인이 되었습니다.

이러한 비교는 끊임없이 있습니다. 어떤 면에서는 아동·청소년들의 삶은 매우 다르지만, 또 다른 면에서 볼 때 그들이 갖고 있는 많은 문제들이 매우 비슷합니다. 저는 제 아들이 고등학교 3학년 여름이었을 때 그와 함께 나눴던 대화가 기억납니다. 아들은 가족휴가로 위스콘신주로 가야 하는 것에 대해 불평한 적이 있었습니다. "엄마, 엄마는 날 절대 이해하지 못할 거예요. 이번 여름이 제 친구들과 함께 있을 수 있는 마지막 여름이고 그들은 저에게 너무 중요하기 때문에 집에 남아 친구들과 함께 놀고 싶어요. 이번 가족휴가로 인해 모든 것을 놓치고 싶지 않아요." 이렇게 제 아들이 말했습니다. 아들은 제가 이해할 수 없을 거라고 확신하는 것 같았지만, 그의 말이 저에게 많은 기억을 되살렸습니다. 저는 아무 말 없이 서랍 쪽으로 가서 편지 하나를 꺼냈습니다. 그 편지에는 제가 고등학교 3학년 여름에, 가족과 별장에 가는 것에 대해 부모님과 대화를 나눈 내용이 적혀 있었습니다. 그 편지를 제 아들 에릭에게 주었습니다. "엄마에게"라고 쓰여 있었습니다. "저는 이번 여름에 집에만 있어야 해요. 별장에서 제가 할 일이 하나도 없다는 거 알잖아요. 엄마는 아마도 이해 못 하시겠지만 제 또래 아이들은 활동하기를 원해요. 그게 우리의 방식이기 때문에 어쩔 수 없어요. 저는 친구들과 꼭 함께 있어야 해요. 그러니 제발 안 가면 안 될까요?"

그 후로 에릭은 더 이상 아무 말도 하지 않았습니다. 에릭과 남편, 저는 에릭이 얼마나 집에 있을지에 대해 협상했습니다. 그리고 저는 아들이 며칠 동안 친구들과 잠시 떨어진다고 해서 많은 것을 놓친다고 생각하지 않습니다. 하지만 물론 18세라는 나이에는 그런 식으로 보지 못한다는 것을 이해합니다. 이는 어떤 것들이 어떻게 그대로 유지되는지를 보여 주는 하나의 예에 불과합니다. 그리고 상담 시간에 아동·청소년들이 저에게 자신의 생각과 감정을 표현하는 것을 들으면서 발달 단계가 비교적 일정하게 유지되어 왔다는 사실을 거듭 상기하게 됩니다.

우리가 발달 단계와 특성에 대해 아는 것은 필수적입니다. 성장에 대해서 잘 이해하지 못한다면, 우리는 문제가 있는 증상에 대해 과잉반응하거나 과소반응을 하게 될 수도 있으며, 그 상황을 객관적으로 보지 못하는 위험을 무릅쓰게 됩니다. 이러한 점은 제 수련생 중 한 명이 들어 준 녹음파일을 듣고 실감하게 되었습니다. 그 수련생은 자신의 내담자가 그의 어머니와 학대적인 관계에 있을 수도 있다고 믿었습니다. 저는 수련생에게 "녹음파일을 들어 봅시다."라고 말했습니다. 그리고 제가 들었을 때, 저는 열다섯 살 여자아이가 어머니와의 갈등관계에 대해 설명하는 것을 들었습니다. 여자아이는 어머니가 자신에게 아무것도 하지 못하게 하고, 항상 소리를 지르며, 계속해서 자신이 하고 싶지 않은 일을 하게 만든다는 것에 대해 말했습니다. 저는 수련생에게 특정한 예시들을 떠올려 봤는지 먼저 확인했고, 어린 청소년들은 지나치게 일반화하는 경향이 있어서 모든 것을 이분법적으로 접근한다는 것, 즉 모든 것을 할 수 있다거나 아니면 아무것도 할 수 없다고 말하는 것이 매우 특징적이라고 설명했습니다. 저는 이 경우에 학대적인 관계가 물론 큰 영향을 차지한다는 것을 알지만, 수련생들이 여러 관점을 통해 문제를 살펴보고, 구체적인 예를 들면서 사춘기 여자아이에 대해 우리가 알고 있는 것들, 다시 말해 어머니와의 강한 애증관계를 갖는 것이 일반적이고, 그들의 독립의 필요성을 약화시킨다는 이유로 억압받는다는 감정을 느낀다거나, 그들이 원하지 않는 것을 강요당하고 싶지 않다는 점들을 고려해 볼 것을 주의시켰습니다. 제 수련생은 새로운 시각을 가진 채로 상담실로 돌아갔습니다. 내담자 아이와 그녀의 어머니와의 면담을 포함한 몇 번의 상담이 진행되는 동안, 이 사건은 학대적인 관계가 아니라 전형적인 청소년 문제를 예시하는 것이 분명해졌습니다.

발달적 특성은 문제를 평가할 때만 고려되어야 할 뿐만 아니라 청소년들이 사건을 어떻게 해석하는지에 대해서도 고려해야 합니다. 어느 3학년 학생은 자신에게 무슨 일이 생겼을 때 자신의 소중한 물건을 친구들이 어떻게 받을지를 지정하기 위한 유언장을 썼습니다. 학생의 부모는 아들이 자살을 고려하고 있을지도 모른다는 생각에 당연히 걱정했습니다. 하지만 알고 보니, 이 학생은 최근에 선생님에게 동굴에 갇힌 아이들에 대한 사건을 듣고 유언장을 쓰게 된 것이었습니다. 이 어린아이는 그런 일이 다른 아이들에게 일어난다면 자신에게도 일어날 수 있다고 생각했으며, 그럴 경우 자신의 친구들이 좋아하는 것들을 받길 원했습니다. 어린아이들은 구체적인 사고방식을 갖고 있기 때문에 어떠한 현상이나 사물을 있는 그대로 받아들입니다. 이런 경우, 인지적 발달은 아이들이 상황을 해석하는 방법을 제한했고, 이러한 한계들은 결국 아이의 행동에 영향을 미쳤습니다. 우리는 또한 인간의 발달 단계와 특징이 수십 년 동안 크게 변하지 않았음에도 불구하고, 결국 달라진 것은 청소년들의 삶에 영향을 미치는 문화적·사회적 요소라는 것을 기억해야 합니다. 현대사회의 아이들은 더 빨리 성장합니다. 『오필리아의 부활(Reviving Ophelia)』의 저자인 메리 파이퍼(Mary Pipher)는 "우리가 한때 '어린 시절'이라 불렀던 시기는 더욱 짧아졌다."(1994, p. 28)라고 했습니다. 이제는 그 자체로 어렵고 혼란스러울 수 있는 일반적인 성장 문제를 다루는 것 외에도 아동과 청소년들은 대처해야 할 문제들이 훨씬 더 많습니다. 많은 아이들은 가난한 가정에서 자라기도 하고, 학대의 피해자이기도 하며, 부모의 이혼이나 재혼으로 어려움도 겪습니다. 이러한 문제들에 정상적인 성장 과정에서 발생하는 문제들까지 포함해 보면, 너무 많은 청소년들이 해로운 방법으로 그들의 문제를 다루는 것은 놀라운 일이 아닐지도 모릅니다. 부분적으로, 건강하지 못한 반응은 발달 능력을 반영하기도 합니다. 시간 감각이 '지금 여기(here and now)'라고 여기고, 생각이 아직 구체적 상태에 머물러 있는 어린 청소년들에게, 마약과 술로 고통을 무감각하게 하는 것은 삶이 위압적일 때 가장 쉽게 할 수 있는 일처럼 보입니다. 그들은 결과를 신중하게 고려할 능력이 없을 수도 있습니다.

아동·청소년이 발달 및 상황 문제에 어떻게 대처하는지에 대한 가장 두려운 점은 그것에 따르는 장기적인 결과들이 그들의 삶에 매우 부정적인 영향을 미칠 수 있다는 것입니다. 그러나 그들은 현재에 살고 있고 먼 미래를 볼 능력이 없기 때문에 많은 청소년들은 자신의 발달 수준을 고려해서, 최선을 다해 이러한 스트레스 요인들을 처리합니다. 즉, 그들이 다양한 관점을 갖거나 대안을 고려할 수 없다면, 성인으로서 올바른 판단을 하는 것이 어렵다는 것입니다. 우리는 청소년들이 자신의 세상을 우리와 다르게 해석한다는 것을 기억해야 합니다.

많은 청소년들이 성장 과정에서 여러 어려움을 겪을 수 있지만, 우리는 우리가 '정상'인지, 즉 우리에게 일어나는 일이 일반적인 것인지 궁금해했던 기억이 있을 것입니다. 저는 제 내담자들에게 그들이 정상적이라고 말해 주면서 안심시키고, 그들의 발달 수준을 고려하면서 그들이 생각하고 느끼고 행동하는지에 대한 이유를 이해시키도록 도울 때 이들이 안심하는 것을 보게 됩니다. 우리는 실제로는 전혀 근거가 없는데도, 어린아이들이 무엇이 정상인지 다 알고 있다고 가정함으로써 너무 많은 것을 당연하게 여깁니다. 이 가정은 불안과 혼란을 야기합니다. 이 두려움이 해결되지 않으면 다른 문제들을 악화시킬 수 있으며, 아이들은 압도당하고 낙담할 수 있습니다. 여기가 우리가 가장 개입해야 할 지점입니다.

정서적 건강 커리큘럼

'REBT 인성교육(패스포트) 프로그램' 시리즈인 이 책은 교육자 및 정신건강 전문가에게 청소년들이 긍정적인 정신건강에 대한 개념을 배우는 데 도움을 주고, 성장하면서 상황적·발달적 문제들을 잘 해결해 나갈 수 있도록 돕는 포괄적인 커리큘럼을 제공합니다. 이 책은 60개의 활동들을 제시하며, 13~15세 아이들을 대상으로 각 분야의 테스트를 거쳤습니다. 이러한 활동들은 청소년에게 정상적인 것이 무엇인지 가르칠 뿐만 아니라 그들이 자신의 연령대에 적합한 특징적 문제들을 다루기 위한 효과적인 전략을 배울 수 있도록 돕기 위해 고안되었습니다. 학년별로 구성된 이 활동들은 '자기 발달, 정서 발달, 사회성 발달, 인지 발달'의 네 가지 주요 영역을 다룹니다.

활동들은 다 순차적이며, 학령 초기 및 청소년기 중반을 위한 다른 권과 함께 사용할 경우, 8~19세 아동·청소년을 위한 종합적인 발달 커리큘럼을 제공합니다. 각 활동에는 발달의 관점, 명확한 목표, 단계별 진행 절차, 내용 질문과 개인 질문에 대한 짧은 설명이 포함되어 있습니다. 내용 질문들은 자극 활동의 내용과 직접 관련이 있으며 개념의 숙달과 처리를 보장하도록 설계되었습니다. 개인 질문들은 초기 청소년들이 배운 개념들을 그들의 개인적인 삶에 적용하도록 격려합니다. 이러한 질문들은 그들이 배운 개념들에 대해 지적으로 이해하는 것에서 개인적으로 통합하는 것에 이르기까지 그들을 변화시킵니다. 각 활동의 핵심에는 목표를 충족하고 초기 청소년들이 이러한 문제를 다루는 기술을 습득할 수 있을 뿐만 아니라, 그들의 연령 그룹의 전형적인 발달 문제에 대해 더 많이 배울 수 있는 기회를 제공하는 창의적이고 발달적으로 적절한 자극 절차가 있습니다. 마지막에는 실제 기술 연습을 포함하여 다양한 방법으로 개념을 강화하는 후속 활동들이 있습니다.

이론적 기초

이 커리큘럼의 중요한 특징은 발달 이론뿐만 아니라 인지정서행동치료(REBT)의 원칙에 기반을 두고 있다는 것입니다. 이론에 대한 개요는 다음과 같으며, 독자들은 이 서론의 끝부분에 있는 추천 자료들과 참고문헌을 더 연구해 볼 것을 권합니다.

발달적 특성: 초기 청소년기

초기 청소년기는 대략 만 11~14세까지 지속됩니다. 보통 여자아이보다 남자아이들에게 다소 늦게 시작되고, 조금 더 오래 지속됩니다. 출생부터 만 2세까지의 기간을 제외하고는 전체 발달 단계 중에서 이 시기에 가장 많은 변화가 일어납니다. 급격한 기분 변화는 이 시기의 대표적인 특징이며, 이러한 정서적 불균형은 자기중심주의, 사춘기의 변화, 그리고 독립의 필요성 증가를 동반합니다. 이러한 자율성을 위한 투쟁에는 양가감정이 수반됩니다.

이 시기는 사고방식이 '구체적인' 것에서 '추상적인' 것으로 전환되는 시점이기 때문에 초기 청소년들은 매우 취약함을 느끼고 통제력을 상실하게 됩니다. 청소년들은 이런 취약점들을 '방어적이고 변덕스러운 특징'으로써 대신 표현합니다. 그러나 안타깝게도, 어른들은 종종 이러한 당연하면서도 명백한 발달적 행동들에 과민반응을 보이며 어린 청소년들을 통제하려 하는데, 이는 잘못된 시도입니다. 청소년들의 그런 행동이 진짜라고 생각하기 쉽지만, 어린 청소년들과 함께 일하는 실무자와 교육자들은 꼭 알아야 합니다. 이 시기의 청소년들은 자신에게 일어나는 일에 대해 매우 혼란스러워하고, 그래서 너무 불안하고 취약하다고 느끼기 때문에 그들의 진짜 감정을 숨긴다는 것을 말입니다.

이 발달 기간 동안, 어린 청소년들은 자신이 모든 것을 알고 있다고 생각하고, 자신의 행동을 통제하려는 시도는 독립하려는 그들의 필요를 좌절시키는 것으로 해석합니다. 청소년들은 반응이 예민하면서도 빠르게 나타나고, 이들의 시간 감각은 여전히 '현재'에 많이 머물러 있어서, 쉽게 압도당하고 좌절하고 충동적으로 행동할 수 있습니다. 이 시기의 청소년들은 깊이 생각하지 않기 때문에, 장기적으로 볼 때 부정적인 결과를 초래할 수 있는 자기패배적인 경향에 빠짐으로써 혼란스러운 상황과 마주한다는 것은 전혀 드문 일이 아닙니다. 이러한 특징과 함께 이들에게는 소속되고 싶은 욕구와 우정, 또래의 압력에 관한 문제들이 있습니다.

초기 청소년기는 매우 힘든 시기일 수 있습니다. 대부분의 청소년은 이 단계를 극도의 어려움 없이 극복하지만, 그럼에도 각각 다른 방식으로 영향을 미치는 정서적 격변을 경험하는 것은 매우 정상적인 일입니다. 이 단계에서는 청소년의 추상적 사고 능력이 아직 잘 발달되지 않았기 때문에, 잠재적으로 대부분의 문제가 발생하는 시기이기도 합니다.

REBT의 원리

앨버트 엘리스(Ellis, 1994; Ellis & Dryden, 1997)가 개발한 인지정서행동치료(Rational Emotive Behavior Therapy: REBT)는 우리가 생각하는 것이 곧 우리가 어떻게 느끼고 행동하는지를 직접적으로 결정한다는 가정에 기초하고 있습니다. 엘리스는 선행사건(Activating events: A), 신념(Beliefs: B), 정서적 · 행동적 결과(Consequences: C) 간의 관계를 설명하기 위해, 정서장애의 'A-B-C 모델'을 만들었습니다. 이 이론에 따르면, 선행사건은 정서적 혼란을 일으키지 않습니다. 왜냐하면 두 사람이 같은 사건을 경험한다 해도, 두 사람은 그것에 각각 다르게 반응할 수 있기 때문입니다. 오히려 각자가 그 사건에 대해 생각하는 것이 정서적 · 행동적 반응을 일으킵니다. 엘리스는 혼란스럽고 부정적인 정서가 '절대적이고, 경직되고, 당위적인 요구' 때문에 발생한다고 주장했고, 그는 이것을 '비합리적 신념'이라고 불렀습니다. 비합리적 신념은 다음의 세 가지 주요 범주로 나뉩니다. 첫째, '당위성(반드시 ~해야 한다)'은 사람 또는 상황에 대한 비현실적인 요구를 반영합니다. 아동과 청소년의 경우 당위성은 다음과 같이 해석됩니다. '나는 항상 내가 원하는 것을 할 수 있어야 하고, 사람들은 내가 생각하는 대로 나를 대해야 하며, 삶의 모든 것은 항상 공정해야 한다.'입니다. 둘째, '가치에 대한 평가'는 자신이 가치 있는 사람이라고 여겨지기 위해서 잘해야만 하고 인정받아야만 한다고 생각하는 것입니다. 즉, '나는 완벽해야 하고, 실수하면 안 되고, 남들이 나를 거부하거나 내가 잘 못하게 되면 나는 쓸모없는 사람이다.'라고 믿는 것입니다. 셋째, '욕구 진술'은 자신이 편안해야 하고 좌절이 없어야만 한다고 생각하는 것입니다. 인생의 모든 것은 쉬워야 한다는 청소년들의 비합리적인 믿음, 즉 '나는 어떤 일을 너무 열심히 하거나 지루한 일을 하지 말아야 하고, 불편함을 참을 수 없다.'라는 신념입니다. 이러한 비합리적 신념은 강렬한 부정적 정서를 유발하며, 아동·청소년의 효과적인 문제해결을 방해합니다.

심리적인 건강을 위해서, 이러한 비합리적인 신념은 합리적인 신념으로 대체되어야 합니다. 합리적인 신념은 유연하고 덜 혼란스러운 정서를 불러오며, 현실을 기반으로 하고, 목표를 성취하도록 도와줍니다. 합리적인 신념이 확인되는 과정은 논박(Dispute: D)을 통해서입니다. 논박에는 생각, 감정, 행동을 변화시키는 다양한 기술이 포함됩니다. 특히 논박의 주요 방법으로는 합리적·정서적 심상법, 자기독백, 자신과의 대화를 사용하여 이러한 감정을 분석하도록 고안된 질문들을 함으로써 비논리적이고 비현실적인 신념을 감지하게 하는 것이 있습니다. 또한 강화, 기술훈련, 과제와 같은 행동적 기법들도 널리 사용되고 있습니다.

일단 논박을 통해 비합리적 신념이 확인되면, 그 결과로 불안한 정서가 감소됩니다. 이것은 사람들이 우울함에서 행복함으로 또는 분노에서 약간만 짜증이 날 정도를 말하는 것이 아닙니다. 그러나 비논리적이고 비합리적인 신념이 합리적인 생각으로 대체되면서 정서의 강도가 감소됩니다. 예를 들어, 어떤 아이가 생일파티에 초대받지 못했는데, 이를 두고 아무도 자신을 좋아하지 않는다거나, 다시는 친구가 없을 것이라고 생각한다든지, 거부당했기 때문에 자신은 가치가 없다고 비합리적으로 생각한다면, 이 아이는 매우 슬퍼할 것입니다. 그러나 이 아이가 파티에 초대받지 않았더라도 자신은 여전히 가치 있는 사람이라는 것을, 그리고 아무도 자신을 좋아하지 않거나 다시는 친구가 없을 것이라는 점을 뒷받침할 증거가 없음을 논박을 통해서 깨닫는다면, 아이는 약간의 슬픔을 느낄 수 있지만 그렇게 강렬하지는 않을 것입니다. 그리고 아이가 또 다른 일로 슬퍼질 때 며칠 동안 무기력하게 지냈을지 모르지만, 자신이 조금만 슬퍼한다면 다른 방법으로 스스로를 즐겁게 한다든지 그러한 행동에서 즐거움을 찾을 수 있을 것입니다. 따라서 모델의 마지막 단계는 E(Effect, 효과적인 새로운 철학)와 F(Feeling, 새로운 정서)입니다.

REBT는 치료 환경뿐만 아니라 교육 환경에서도 아동과 청소년을 대상으로 한 오랜 역사를 가지고 있습니다. 이 원칙은 젊은 층에 쉽게 적용할 수 있으며, 다양한 문제에 적용되어 왔습니다. 교육 환경에서 REBT의 사용을 오랫동안 지지해 온 엘리스는 청소년들이 긍정적인 정신건강 개념을 배움으로써 스스로를 도울 수 있도록 고안된 예방 커리큘럼의 중요성을 강조합니다. REE(Rational-Emotive Education)는 정서교육에 대한 계획이 순차적으로 수업에 제공되는 체계적인 커리큘럼 접근방식입니다. REE의 주요 목표는 아이들이 더 많은 것을 할 수 있도록 합리적인 사고 기술을 가르치는 것이기에, 효과적으로 문제를 해결하고, 정서적인 통찰력을 얻으며, 어린 시절에 흔히 경험하는 정서적 고통을 최소화하기 위한 현명한 대처전략을 배웁니다. 이러한 커리큘럼의 궁극적인 목표는 아이들이 단순히 기분이 좋아지는 것뿐만 아니라 삶이 더 나아지도록 돕고, 현재와 미래의 문제를 보다 효과적으로 다룰 수 있는 정서적·행동적 해결 방법들을 제공하는 것입니다. 이 책에 제시된 활동들은 REE의 기본 원칙을 기반으로 하며, 이러한 개념을 발달 문제에 적용하는 것을 강조합니다.

프로그램의 활용

성장하는 것이 그 어느 때보다도 어려운 현실임을 감안할 때 예방 교육의 중요성은 아무리 강조해도 지나치지 않습니다. 예방적 정신건강 프로그램은 발달의 모든 측면을 촉진하고 아이들이 자기수용, 좋은 대인관계 기술, 문제해결과 의사결정 전략, 역기능적 정서를 다루는 기술을 개발하도록 도와주고, 삶에 대한 유연한 시각을 갖게 도와줍니다. 만약 의도적이고 순차적으로 잘 사용된다면, 이 프로그램들은 아이들의 모든 문제를 확실히 제거하지는 않더라도 문제의 강도, 심각성, 지속시간을 최소화할 수 있는 정보와 기술을 제공할 것입니다.

이 책에 나온 활동들은 주로 교실이나 소그룹 상담 환경에서 사용할 수 있습니다. 또한 약간의 변형을 더해 학교나 정신건강을 다루는 개별 상담실에서도 사용할 수 있습니다. 발달 개념은 모든 아동·청소년에게 적용 가능하지만, 과정의 일부 활동은 특정 구성원에 맞는 안내가 필요합니다. 각 활동의 끝에 나온 질문들은 토론을 자극하기 위해 고안되었으며, 지도자들은 개인이나 그룹의 필요에 따라 질문을 확장하거나 수정할 수도 있습니다.

자극 활동은 20~30분 동안 지속되도록 설계되었으며, 그 후에 토론이 이어집니다. 물론 이 시간은 그룹에 따라 다를 것입니다. 어떤 수업들은, 하루는 활동을 마치고, 그다음 날에는 토론을 할 수 있도록 나눌 수 있습니다. 토론은 목표를 강화하고 아이들이 자신의 삶에 개념을 적용할 수 있도록 도와주기 때문에 중요합니다. 그리고 많은 활동들에서 자기개방을 할 기회가 많기 때문에, 프로그램을 실행하기 전에 신뢰와 응집성을 갖춘 분위기를 만드는 것이 중요합니다. 대부분의 활동이 위협적이지는 않지만, 아이들은 토론이 불편할 경우 '통과'할 수 있는 권리가 있어야 합니다. 다른 참가자들이 공유하고 토론하는 것을 듣는 것만으로도 아이들의 정서를 정상화하는 데 도움이 되고, 아이들은 그 경험 자체로도 많이 배울 것입니다. 기본 규칙을 정하는 것은 아이들이 서로의 의견과 표현을 존중하도록 하는데 도움이 됩니다. 아이들은 이러한 토론 내용들이 다 비밀이며, 그룹 내에서만 공유해야 하고, 언제든 '통과'할 권리가 있으며, 서로 비판하면 안 된다는 점을 이해해야 합니다. 기본 규칙은 아이들이 이러한 정신건강에 대한 개념을 배우고 적용할 수 있는 안전한 환경을 제공하는 데 도움이 될 것입니다.

교육자이자 정신건강 전문가로서, 우리는 자기를 비하하고, 비합리적으로 생각하고, 감정을 쇠약하게 하고, 자기패배적으로 행동하는 아동과 청소년들을 보호하기 위해 최선을 다하여 노력해야 합니다. 아이들에게 건강한 방식으로 생각하고, 느끼고, 행동하는 방법을 가르쳐 줌으로써 이들이 회복력을 키울 수 있도록 도와야 합니다. 문제를 예방하는 것이 사후에 문제를 처리하는 것보다 훨씬 쉽기 때문에, 이러한 방법을 제공하는 것이 교육적 우선순위가 되어야 합니다. 이 커리큘럼을 시행하는 것은 아이들의 '자기 발달, 사회성 발달, 정서 발달, 인지 발달'을 촉진하기 위함입니다.

참고문헌과 기타 독서자료

DiGiuseppe, R., & Bernard, M. (1990). The application of rational-emotive theory and therapy to school-aged children. *School Psychology Review, 19*, 287-293.

Dryden, W., & DiGiuseppe, R. (1990). *A primer on Rational-EmotiveTherapy*.

Champaign, IL: Research Press.

Elkind, D. (1988). *The hurried child.* Reading, MA: Addison–Welsey.

Ellis, A. (1994). *Reason and emotion in psychotherapy.* New York: Carol.

Ellis, A. , & Dryden. W. (1997). *The practice of REBT.* New York: Springer.

Pipher, M. (1994). *Reviving Ophelia: Saving the selves of adolescent girls.* New York: Ballentine.

Vernon, A. (1993). Developmental assessment and intervention with children and adolescents. Alexendria, VA: American Counseling Association.

Vernon, A. , & Al-Mabuk, R. (1995). *What growing up is all about: A parent's guide to child and adolescent development.* Champaign, IL: Research Press.

Walen, S. , DiGiuseppe, R. , & Dryden. W. (1992). *A practioner's guide to Rational Emotive Therapy.* New York: Oxford University press.

Wilde, J. (1992). *Rational counseling with school aged populations: A practical guide.* Muncie, IN: Accelerated Development.

차례

14세

활동지 차례

REBT 기반 인성교육 프로그램

자기 발달
〈활동〉
1. 나는 어떤 사람일까?
2. 성장통
3. 장점과 단점
4. 자기화
5. 완벽한 사람은 없어

정서 발달
〈활동〉
1. 나는 이렇게 느끼는데, 너는 그렇게 느끼는구나
2. 감정 바꾸기
3. 행복을 향해
4. 가족에 대한 감정
5. 느끼고, 행동하라

사회성 발달
〈활동〉
1. 더 좋은 친구 되기
2. 누가 누구에게 무엇을 말했지?
3. 가까웠다가 멀어졌다가 하는 관계
4. 직접 대면하기
5. 친구들과 즐겁게

인지 발달
〈활동〉
1. 할 수 있는 목표
2. 결정하기
3. 생각하고 행동한다
4. 결과들을 고려하기
5. 어떤 영향을 미칠까?

나는 어떤 사람일까?

발달의 관점

청소년기에 중요한 일은 자신만의 뚜렷한 정체성을 확립하는 것입니다. 하지만 그들은 종종 친구를 따라 하고 싶어 하기 때문에 이것은 다소 복잡해집니다. 이 시기에는 나는 누구인지, 무엇을 지향하는지에 대한 지각을 발달시키도록 격려하는 것이 중요합니다.

목표

▷ 자기 특성(self-characteristic) 확인하기
▷ 자기 특성이 시간이 지남에 따라 변한다는 것을 깨닫기

준비물

▷ 바닥에 길게 붙일 마스킹 테이프
▷ 다음의 각 단어 및 문구가 교실 전체에 잘 보이도록 큰 글자로 적어 한 장씩 준비하기

절약하는 경향이 있음	소비하는 경향이 있음
혼자 있는 것을 선호함	사람들과 있는 것을 선호함
소수의 친구들과 어울리는 것을 선호함	큰 군중과 어울리는 것을 선호함
활동적인 것을 좋아함(자전거 타기, 스포츠)	조용한 활동을 좋아함(독서, TV 보기)
위험을 감수하는 경향이 있음	위험이 있는 것을 좋아하지 않음
스포츠를 좋아함	밴드, 오케스트라, 합창곡을 좋아함
독서를 좋아함	독서를 좋아하지 않음
종교가 매우 중요함	종교는 그다지 중요하지 않음

도시에 사는 것을 선호함	시골에 사는 것을 선호함
논쟁을 자주 함	수용적인 편임
성적에 신경 씀	성적에 신경 쓰지 않음
행동을 통해 배움(직접 프로젝트 참여 등)	듣기를 통해 배움
타인의 생각에 신경 씀	타인의 생각에 신경 쓰지 않음
권위, 권한을 수용함	권위, 권한을 수용하지 않음
혼자 일하는 것을 선호함	다른 사람들과 팀으로 일하는 것을 선호함

 진행 절차

1. 학생들에게 자기 자신이 누구인지, 자신에게 무엇이 중요한지에 대한 생각의 중요성을 강조하면서 수업을 시작합니다. 학생들이 앞으로 나이가 더 들어감에 따라 많은 변화가 있을 거라고 생각하는지, 그리고 자신들에 대한 어떤 것들이 몇 년 동안 변함없이 유지되고 있는지를 토론합니다. 이 수업에서의 활동은 자신이 누구인지 생각하는 데 도움이 된다고 설명합니다.

2. 바닥에 길게 마스킹 테이프를 붙인 다음, 양쪽 끝에 각각 서 있을 두 명의 지원자를 뽑습니다. 대응되는 의미로 짝지어진 단어 및 문구를 반으로 나누어, 각각의 지원자에게 한 묶음씩 나누어 줍니다.

3. 지원자들에게 짝지어진 단어 및 문구를 한 번에 하나씩 들도록 합니다. 그러면 학생들은 제시된 단어가 자신에게 적절하다고 생각되는지에 따라 해당되는 지원자 쪽으로 가서 줄을 서도록 합니다. 어느 쪽인지 애매할 경우 중간위치에 서도 좋습니다. 학생의 수에 따라 한 번에 한 쌍의 단어로 줄을 설 수도 있고, 한 번에 다섯 쌍의 단어로 줄을 설 수도 있습니다. 두 번째 세트로 넘어가기 전에, 학생들이 다른 사람들과 비교하여 자신이 어디에 서 있는지 인지하도록 합니다.

4. 내용 질문과 개인 질문에 대해 토론합니다.

 토론

내용 질문

1. 어떤 쪽에 서야 할지 결정하기가 어려웠나요? 다른 것보다 더 쉬웠던 몇 가지 항목이 있었나요? 어디에 서야 할지 어떻게 결정했나요?

2. 자신이 한쪽 끝에 서 있고 대부분의 사람들이 반대편에 서 있었을 때 어떤 생각이 들었나요?

3. 이러한 문제들에 대해 친구들과 비슷한 편인가요, 다른 편인가요?

개인 질문

1. 이러한 활동을 통해 스스로에 대해 깨달은 점이 있다면 무엇인가요?

2. 만약 이 활동을 2년 전에 했다면, 모든 선택이 지금과 동일할 것이라 생각하나요? 그렇지 않다면, 어떤 부분이 달라졌을 것 같나요?

3. 앞으로 2년 후에 이 활동을 다시 한다면, 선택이 지금과 달라질 것 같나요? 만일 그렇다면, 어떤 항목이 그럴까요?

4. 만약 자기 특성이 달라졌거나 또는 달라질 것이라고 예상한다면 그에 대해 어떤 생각이 드나요? 그리고 왜 이러한 변화가 발생된다고 생각하나요?

🧑‍🏫 후속 활동

학생들에게 짝을 이루어 그들과 함께 자신이 누구인지에 대해 더 많은 생각을 자극할 수 있게 하는 다른 항목을 개발하도록 권유합니다. 이 수업에서 나온 절차를 따라 해 봅니다.

성장통

발달의 관점

이 발달 기간 동안 성장의 속도가 서로 다른 것은 매우 일반적입니다. 11세 또는 12세가 되면 많은 청소년이 사춘기에 들어갑니다. 또래와 다르게 보이고 싶지 않은 청소년들에게 이것은 부끄러움을 느끼게 할 수 있습니다. 어떤 아이들은 체중 증가에 문제가 있고, 이를 지나치게 의식하여 종종 괴롭힘을 피하려고 또래 친구들과 거리를 둡니다. 청소년들은 자신의 외모나 능력에 대해 또래와 비교하며 끊임없이 걱정하기 시작합니다.

목표

▷ 이 발달 기간 동안 발생하는 자의식 감정을 정상화하기
▷ 급격한 성장으로 인한 신체적 변화에 대해 배우기

준비물

▷ 각 학생에게 제공할 '성장통─질문지'(활동지 1)
▷ 각 학생에게 제공할 '성장통─정보지'(활동지 2)
▷ 각 학생에게 제공할 연필

진행 절차

1. 앞의 발달 관점이 요약된 개념을 설명하면서 수업을 시작합니다. 이 수업의 목적은 학생들이 자의식 문제를 개인적으로 식별하는 것이고 자신의 신체에 어떤 일이 일어나고 있는지에 대한 사실을 배우는 것임을 설명합니다.
2. 학생들에게 '성장통─질문지'(활동지 1)를 나누어 주고 답하도록 합니다. 답변은 익명이 보장된다는 것을 강조합니다.
3. 학생들이 질문지에 응답을 완료한 후, '성장통─정보지'(활동지 2)를 나누어 주고 읽게 합니다.

4. 내용 질문과 개인 질문에 대해 토론합니다.

🧑‍🏫 토론

내용 질문

1. 질문지를 작성하기 전에, 정보지에 설명된 내용들에 대해 생각해 봤나요?
2. 다른 사람들이 자신처럼 자의식을 느낄 수 있다는 사실을 아는 것이 도움이 되나요?
3. 이러한 자의식적 감정들이 평생 지속되지 않는다는 사실을 아는 것이 도움이 되나요?

개인 질문

질문지 뒷면에 학생들에게 성장에 대해 '내가 배운 것' 또는 '내가 느낀 것'을 세 가지씩 적도록 합니다. 그룹에 따라, 짝을 지어 내용을 공유하도록 하는 것이 적절할 수 있습니다. 그러나 자신의 이야기를 나누는 것은 반드시 자발적이어야 합니다.

🧑‍💻 후속 활동

사춘기와 성에 관해 학생들이 읽을 수 있는 좋은 자료를 준비하거나, 학교 보건 선생님을 초대하여 사춘기에 관한 이야기를 논의하도록 합니다.

성장통

지시사항: 질문을 읽고 자신에 관한 질문에 본인이 어떻게 느끼는지 가장 가까운 것에 동그라미 쳐 보세요. 답변은 다른 사람과 공유되지 않습니다.

1. 11세 또는 12세부터, 어떤 여학생들은 남학생이나 다른 여학생들보다 키가 크게 됩니다.

   a. 나의 경우, 맞다: 나는 다른 또래들보다 키가 크다.

   b. 나의 경우, 맞지 않다: 나는 다른 또래들보다 키가 작다.

   c. 나는 다른 또래들과 키가 비슷하다.

2. 만약 또래들보다 키가 크다면, 어떤 감정이 드나요?

   a. 괜찮다.

   b. 이상하게 느껴진다.

3. 만약 또래들보다 키가 작다면, 어떤 감정이 드나요?

   a. 괜찮다.

   b. 부끄럽게 느껴진다.

4. 중학생 기간 동안, 아이들은 각각 다른 속도로 성장합니다. 어떤 아이들은 남들보다 몸무게가 빠르게 증가하고 다른 또래 친구들보다 몸집이 크게 보이거나 자신이 뚱뚱하다고 느낄 수도 있습니다.

   a. 나의 경우, 맞다: 나는 다른 또래들보다 몸집이 커 보이거나 뚱뚱하다고 느낀다.

   b. 나의 경우, 맞지 않다: 나는 다른 또래들과 몸집이 비슷하다.

5. 만약 또래들보다 몸무게가 많이 나간다면, 어떤 감정이 드나요?

   a. 부끄럽게 느껴진다.

   b. 내가 보여지는 모습이 괜찮다.

6. 성장기에 어떤 아이들은 여드름이 나기도 하고 그렇지 않기도 합니다. 만약 여드름이 있다면, 어떤 감정이 드나요?

   a. 부끄럽게 느껴진다.

   b. 여드름이 있어도 괜찮다.

성장통

11~15세 사이에 우리는 사춘기에 접어듭니다. 이것은 신체가 호르몬이라고 하는 많은 양의 화학 복합체를 생성하기 시작할 때부터 발생합니다. 이 호르몬은 성적인 성장이 시작될 때라는 신호를 신체에 보냅니다. 정상적인 성적 감정과 함께 생식 능력이 발달합니다.

우리는 중요한 신체적 변화를 경험하기 시작할 것입니다. 이 성장은 대부분 매우 빠른 속도로 진행될 것이고, 보통 소년보다 소녀들이 2년 정도 빠릅니다. 성장 분출이 시작되는 시기와 진행 속도에 많은 차이가 있으므로 일부 또래 친구들은 다른 사람보다 더 성숙해 보이거나, 더 어려 보일 수 있습니다. 그러나 결국에는 서로 비슷해질 것입니다. 이 기간 동안은 엄청난 식욕을 느끼며 체중이 증가합니다. 그러나 키 또한 자라기 때문에 여러분의 몸이 점점 다르게 보일 것입니다. 또한 팔과 다리의 성장 속도가 몸의 다른 곳에 비해 다를 수도 있으며, 이것을 어색하고 어설프게 느낄 수 있습니다. 그래서 발에 걸려 넘어지는 현상도 발생할 수 있습니다. 비록 이러한 현상으로 강한 자의식을 느낄 수 있지만, 매우 정상적인 것입니다. 누구나 곧 지나갈 시기입니다.

남녀 모두 음모가 자라기 시작합니다. 소녀들은 가슴이 커지고 생리를 시작할 것이며, 소년들은 점차적으로 수염이 자라고 목소리가 더욱 낮아질 것입니다.

이 시기는 성장에 있어서 매우 중요한 시기이며, 신체적 변화는 유아기를 제외하면 다른 생애 기간 중에서 가장 빠르게 발생합니다. 당황스럽거나 강한 자의식을 느끼는 것이 일반적이지만, 이러한 감정이 평생 지속되지는 않는다는 것을 유념하세요. 사춘기에 접어드는 시기는 저마다 다르고, 변화가 일어나는 속도에는 큰 차이가 있습니다. 따라서 다른 친구들만큼 빠르게 성장하지 않는다고 걱정하지 않아도 됩니다.

장점과 단점

🧑‍🦰 발달의 관점

이 발달 과정에서 대부분의 청소년들은 구체적으로 생각합니다. 그 결과로 그들은 이분법적으로 생각하고 자신을 좋거나 나쁘게만 여기는 것이 일반적입니다. 이러한 사고방식은 자신을 받아들이는 능력에 부정적인 영향을 미칠 수 있기 때문에, 누구나 장점과 단점을 가지고 있다는 것을 이해하는 것이 중요합니다.

👩‍🏫 목표

▷ 모든 사람들은 장점과 단점이 있음을 배우기
▷ 자신을 좋거나 나쁘다고 평가하지 않는 법 배우기

👷 준비물

▷ 칠판
▷ 각 학생에게 제공할 '장점과 단점－개인 목록'(활동지 3)
▷ 각 학생에게 제공할 '장점과 단점－원'(활동지 4)
▷ ＋ 또는 － 기호가 적힌 종이가 담긴 통(＋, － 개수가 각각 10~12개씩)
▷ 각 학생에게 제공할 연필

👩‍🏫 진행 절차

1. 칠판에 ＋와 －를 크게 적으면서 수업을 시작합니다. 학생들에게 이 기호를 보았을 때 어떤 생각이 드는지, 그리고 스스로를 표현할 때 이 기호를 어떻게 사용할지 물어봅니다(＋는 긍정적 특성, －는 부정적 특성을 표현할 때 사용합니다).

2. 각 학생에게 '장점과 단점－개인 목록'(활동지 3)을 나누어 줍니다. 모든 사람은 장점과 단점을 모두 갖고 있다는 점을 강조하며, 이 수업의 목적은 학생들이 스스로를 단순히 좋거나 나쁘다고 평가하지 않으면서 자신의 장점과 단점을 찾을 수 있게 도와주는 것이라고 설명합니다. 그들의 장점과 단점을 활동지에 적도록

요청합니다.

3. 이 활동을 마친 후, 각 학생에게 '장점과 단점—원'(활동지 4)을 나누어 줍니다. + 또는 −기호가 표시되어 있는 종이가 담긴 통을 학생들에게 건네줄 거라고 설명합니다. 돌아가면서 학생들은 통에서 종이를 뽑습니다. 그리고 각 학생은 종이에 + 또는 −라고 적혀 있다고 말합니다. 그다음, 모두가 목록에서 뽑은 장점 또는 단점(어떤 기호의 종이를 뽑는지에 따라) 중 하나를 선택하고, 그것을 '장점과 단점—원' 활동지에 작성합니다.

4. 내용 질문과 개인 질문에 대해 토론합니다.

토론

내용 질문

1. + 또는 − 특성 중에서 어떤 것이 더 찾아내기 어려웠나요?
2. 이 세상에 − 특성만 가지고 있는 사람이 있다고 생각하나요?
3. 이 세상에 + 특성만 가지고 있는 사람이 있다고 생각하나요?
4. 자신의 긍정적인 부분과 부정적인 부분을 스스로 받아들이는 것이 왜 중요할까요?

개인 질문

1. 자신의 장점과 단점에 대해 깨달은 점이 있다면 무엇인가요?
2. 무언가를 잘하지 못하거나 어떤 부정적인 면을 가지고 있다고 해서 자신이 좋은 사람이 아니라고 느낀 적이 있나요? 자신은 정말 좋지 않은 사람인가요? 아니면 장점과 단점을 모두 갖고 있는 사람인가요?
3. 몇 가지 단점을 가지고 있다고 해서 스스로를 좋지 못한 사람이라고 생각할 때 이 수업에서 배운 것 중 무엇을 기억할 수 있을까요?

후속 활동

학생들에게 "나는 +와 −를 가진 사람이야"라는 제목으로 이야기를 만들어 보도록 합니다.

장점과 단점

이름: _____ 날짜: _____

지시사항: 나의 장점(긍정적인 성격)과 단점(부정적인 성격)을 떠올려 보고, 다음 활동지에 적어 보세요(각 부분을 동일한 수로 적을 필요는 없습니다).

장점	단점
_____	_____
_____	_____
_____	_____
_____	_____
_____	_____
_____	_____
_____	_____
_____	_____
_____	_____
_____	_____
_____	_____
_____	_____
_____	_____

활동지 3

장점과 단점

이름: _____   날짜: _____

지시사항: '개인 목록' 활동지에 쓴 자신의 장점과 단점을 보세요. +가 적힌 종이를 통에서 뽑았을 때, 자신의 장점 중 하나를 +가 그려진 원 도형에 적어 보세요. −가 적힌 종이를 통에서 뽑았을 때, 자신의 단점 중 하나를 −가 그려진 원 도형에 적어 보세요.

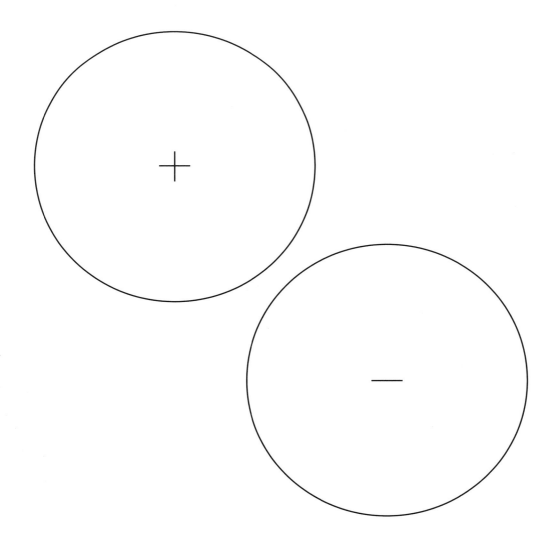

자기화

발달의 관점

청소년들은 가족, 친구 및 선생님들이 자신에 대해 말하는 것을 듣고 다른 사람들이 자신에게 어떻게 반응하는지 관찰함으로써 자신에 대해 배웁니다. 이 시기에는 아직 추상적으로 생각하는 능력이 부족하고 다양한 관점을 고려하지 않기 때문에 왜곡된 자기인식을 할 수 있습니다. 그들은 쉽게 소수의 사람들로부터 자신에 대한 부정적인 것을 듣고 일반화합니다. 이것은 자신을 받아들이는 능력에 부정적인 영향을 미칩니다.

목표

▷ 자신에 대해 생각할 때 여러 관점을 고려하는 법 배우기
▷ 다른 사람의 부정적인 의견으로부터 자신의 가치를 평가하지 않도록 배우기

준비물

▷ 각 학생에게 제공할 연필 2자루(하나는 돌리는 용도로 사용)와 지우개
▷ 각 학생에게 제공할 빈 종이 1장
▷ 각 학생에게 제공할 '자기화−활동지'(활동지 5)
▷ 각 학생에게 제공할 '자기화−원'(활동지 6)

진행 절차

1. '자기'에 대한 의견을 형성하기 전에 모든 관점을 고려하는 것의 중요성에 대해 토론하면서 수업을 시작합니다. 다음의 예시를 들어 설명합니다.

마커스는 형편이 어려운 동네에 살았습니다. 부모님은 이혼했고 어머니는 돈이 많지 않았습니다. 마커스는 돈을 벌기 위해 잔디를 깎고 종이 배달하는 일을 했습니다. 그는 많은 일을 했기 때문에 성적이 좋지 않았습니다. 그래서 선생님들은 항상 공부를 더 열심히 해야 한다고 말했습니다. 마커스는 이 사실을 알고 있었지만, 선

생님들이 성적에 대해 더 많이 말할수록 기분이 좋지 않았습니다. 어느 날 마커스의 성적표가 집으로 왔을 때, 어머니는 그것을 달가워하지 않았고 마커스가 열심히 공부하는 것 외에는 아무것도 중요하지 않다고 말했습니다. 마커스의 형도 같은 이야기를 했습니다. 다른 사람들이 마커스에게 나쁜 학생이라고 말했을 때 마커스는 자신이 열심히 일하고 책임감 있는 아이라는 것을 잊기 쉬웠습니다.

2. 학생들에게 사람 개개인은 수많은 요소로 구성되는 복잡한 존재임을 강조합니다. 만약 그들이 한 분야에 대해서만, 또는 일부의 피드백만을 바탕으로 스스로를 평가한다면, 자신을 왜곡된 관점에서 바라보게 됩니다. 이 수업의 목적은 학생들이 큰 그림을 보는 방법을 가르치는 것입니다.

3. 학생들에게 연필, 지우개 그리고 '자기화—활동지'(활동지 5)와 '자기화—원'(활동지 6)을 각각 나누어 줍니다. 먼저 '자기화—활동지'(활동지 5)에서 각 카테고리마다 세 명씩 골라 동그라미를 치면서 활동지를 완성하도록 합니다. 그리고 난 후, '자기화—원'(활동지 6) 위에 연필을 놓고(원의 중심에 연필의 중심을 둔 채) 그것을 돌려서 멈출 때까지 기다립니다. 연필 끝에 가장 가까이 멈추는 항목은 학생들이 먼저 다룰 주제입니다. 예를 들어, 첫 번째 주제가 '유머감각'이라고 가정합시다. 학생들은 다시 활동지를 보고 카테고리 위에 동그라미를 친 각 사람들이 자신의 유머감각에 대해 뭐라고 말할 것 같은지 적게 합니다.

4. 내용 질문과 개인 질문에 대해 토론합니다.

🧑‍🏫 토론

내용 질문

1. 다른 주제에 관련하여 다른 사람들이 자신에 대해 이야기하는 것에 어떤 생각이 들었나요?

2. 세 사람 모두 자신에 대해 거의 같은 방식으로 생각한 영역이 하나 이상 있었나요?

3. 세 사람 모두 자신에 대해 매우 다른 의견을 가진 영역이 있었나요?

4. 한 사람이 나에 대해 부정적인 견해를 가지고 있다면, 그 사람이 생각하는 것이 곧 나라는 것을 의미하나요? (자신의 개념을 공식화할 때는 피드백을 여러 관점에서 고려해야 하는 것에 대해 의견 나누기)

개인 질문

1. 이 활동에서 자신에 대해 무엇을 배웠나요?

2. 한 사람이 나에 대해 부정적인 의견을 가지고 있다면, 그 사람의 의견에 내가 좌지우지되게 놔둬야 하나요?

3. 두 사람 이상이 나에 대해 부정적인 의견을 가지고 있다면, 이것은 내가 나쁜 사람이라는 것을 의미하나요? 그것은 무엇을 의미하나요?

후속 활동

학생들에게 활동에서 알게 된 다양한 관점을 통합하여 '원합니다: ～하는 청소년'이라는 주제의 광고를 써 보도록 제안합니다.

자기화

13세

이름: _____ 날짜: _____

지시사항: 각 카테고리에서 3명씩 택하여 동그라미 쳐 보세요. 그리고 선생님의 지시에 따라 연필을 '자기화-원' 위에 올려놓고 돌려 보세요. 연필이 멈췄을 때 가리킨 단어에 대해 카테고리 1의 세 사람이 당신에 대해 어떻게 이야기할지 적어 봅니다. 예를 들어, 당신이 '친구' '엄마' '자매'를 선택했고 연필은 '유머감각'을 가리켰다면, 이 세 사람이 당신의 '유머감각'에 대해 어떻게 생각할 것 같은지 적어 보는 것입니다. 활동지에 그 생각을 써 보세요. 끝난 후, 카테고리 2에서 다시 한번 연필을 돌립니다. 만약 같은 단어가 나왔다면 다시 돌립니다. 활동지를 완성할 때까지 진행합니다.

카테고리 1

친구: _____
목사님: _____
엄마: _____
자매: _____
선생님: _____

카테고리 2

아빠: _____
이웃: _____
형제: _____
이모 또는 고모: _____
친구: _____

카테고리 3

선생님: _____
삼촌: _____
교회 회장: _____
동아리 회장: _____
엄마: _____

카테고리 4

이웃: _____
친구: _____
아빠: _____
새엄마: _____
형제 또는 자매: _____

카테고리 5

선생님: _____
사촌: _____
할아버지: _____
새아빠: _____
반 친구: _____

카테고리 6

할머니: _____
친구: _____
교장 선생님: _____
코치 또는 음악 선생님: _____
부모님: _____

자기화

〈원 그래프〉

완벽한 사람은 없어

자기발달 5

발달의 관점

이 발달 단계에서 청소년들은 많은 새로운 과제를 배웁니다. 이러한 과제를 성공적으로 완수하는 정도는 자기인식에 큰 영향을 미칩니다. 그들은 구체적인 사고 패턴 때문에, 자기 자신을 성공 또는 실패 두 가지로만 바라보거나, 성공을 위해서는 완벽해야 한다고 생각하기 쉽습니다. 다양한 정도의 성공과 실패가 있으며, 노력을 통해서도 완벽을 이루지 못할 수도 있다는 것을 이해하도록 돕는 것이 중요합니다.

목표

▷ 다양한 정도의 성공과 실패가 있음을 배우기

▷ 일에서의 실패를 사람으로서의 실패와 동일시하지 않는 법 배우기

▷ 완벽주의에 대한 현실적인 관점 키우기

준비물

▷ 칠판

▷ 바닥에 길게 붙일 마스킹 테이프

▷ 각 학생에게 제공할 '완벽한 사람은 없어-시나리오'(활동지 7)

진행 절차

1. 과거에 어떤 일을 완벽하게 해 본 경험이 있는 사람에게 손을 들게 하며 수업을 시작합니다. 손을 든 사람들은 본인의 경험을 이야기하도록 합니다. 그다음에, 일주일 내내 완벽한 삶을 살았던 사람이 있다면 손을 들게 합니다. 손을 든 사람은 본인의 경험을 이야기하게 합니다.

2. 각 학생에게 '완벽한 사람은 없어-시나리오'(활동지 7)를 나누어 줍니다. 각 문항을 읽고 응답하도록 합니다.

3. 바닥에 붙인 마스킹 테이프를 가리키며, 한쪽 끝은 '아주 완벽함', 그리고 다른 한쪽은 '아주 완벽하지 않음'을 뜻하는 것이라고 설명합니다. 그리고 학생들에게 이 '완벽함/완벽하지 않음' 선의 어딘가에 서게 될 거라고 말합니다.

4. 3명의 지원자를 뽑아 첫 번째 문항에서 자신이 표시한 것과 비슷한 지점에 서게 합니다. 그들이 자리를 잡은 후, 칠판에 '완벽함/완벽하지 않음' 선을 긋고 지원자들이 서 있는 지점에 숫자 1을 씁니다. 지원자들에게 현재 서 있는 곳을 결정한 이유에 대해서 물어봅니다. 다른 학생들에게도 자신이 표시한 것이 지원자들과 비슷한지, 이를 어떻게 결정하였는지 물어봅니다. 그다음에, 두 번째 문항에 응답할 3명의 지원자를 새로 뽑습니다. 그들이 서 있는 곳을 칠판에 표시하고, 서 있을 지점을 어떻게 결정하였으며 지원자들과 학생들은 어떻게 비교할 수 있는지에 대해 토론합니다. 나머지 문항도 똑같이 동일하게 진행합니다.

5. 내용 질문과 개인 질문에 대해 토론합니다.

🧑‍🏫 토론

내용 질문

1. 다른 것보다 점수 매기기 더 어려웠던 문항이 있었나요? 만일 그렇다면 어떤 것인가요?

2. 이 문항들에서 완벽하지 않다고 평가한 사람들이 나쁘다고 생각하나요? 이유는 무엇인가요?

3. 항상 모든 것을 완벽하게 하는 것이 가능하다고 생각하나요? 모든 일을 완벽하게 하지 못했을 때 자신에 대해 뭐라고 말할 수 있나요?

개인 질문

1. 무언가를 완벽하게 하지 못했을 때 자신이 전체적으로 완벽하지 못한 사람이라고 생각하나요?

2. 완벽하게 해내지 못했을 때 자신을 깎아내리나요?

3. 다른 사람들(부모님, 선생님, 친구들)이 내가 항상 완벽하게 하는 것을 기대한다고 생각하나요? 만약 그렇다면, 어떤 기분이 드나요?

4. 무언가를 완벽하게 하지 못하고 자기를 깎아내리는 일이 생길 때, 이 수업에서 배운 것 중에 무엇을 떠올릴 수 있을까요?

후속 활동

학생들에게 모든 것을 완벽하게 하는 또래 인물에 관한 '완전히 완벽한' 이야기를 쓰게 합니다. 그런 다음, 모든 것을 '완전히 불완벽하게' 수행하는 인물에 관한 이야기도 쓰게 합니다. 학생들에게 이렇게 극단적인 한쪽이 평범한 것인지를 생각해 보게 합니다. "항상 완벽하거나 항상 완벽하지 않은 사람이 있을까요?"

완벽한 사람은 없어

이름: _____   날짜: _____

지시사항: 각 문항을 읽고, 해당 인물이 얼마나 완벽한지 또는 완벽하지 않은지를 선 위의 어딘가에 표시합니다.

1. 케빈은 가게에서 갖고 싶은 카드놀이 세트를 집어들었지만 훔치지 않기로 했습니다.

완벽하지 않음 ◄---► 완벽함

2. 에밀리는 수학 시험에서 대부분을 틀렸습니다.

완벽하지 않음 ◄---► 완벽함

3. 주안은 농구를 할 때 자유투 14개 중에 12개를 잘 던졌습니다.

완벽하지 않음 ◄---► 완벽함

4. 친구에게 담배를 받은 토드는 두 번만 피우고 나머지를 버렸습니다.

완벽하지 않음 ◄---► 완벽함

5. 마리아는 피아노 연주회에서 음계 하나를 빠뜨렸습니다.

완벽하지 않음 ◄---► 완벽함

6. 데메트리우스는 사회 과목에서 100점을 받았습니다.

완벽하지 않음 ◄---► 완벽함

7. 캐리는 1시간 동안 스케이트를 타면서 두 번 넘어졌습니다.

완벽하지 않음 ◄---► 완벽함

8. 코레이는 한 달 동안 제시간에 집에 왔기에 아빠에게 상을 받았습니다.

완벽하지 않음 ◄---► 완벽함

정서 발달 1
나는 이렇게 느끼는데, 너는 그렇게 느끼는구나

🧑‍🏫 발달의 관점

아동기 후반과 초기 청소년기에는 다른 사람의 생각과 감정을 더 잘 인식합니다. 또한 과거의 사건이나 경험을 떠올리며 다른 사람들은 어떤 상황에 대해 나와 다르게 반응한다는 것을 깨닫기 시작합니다. 아이들은 사람들의 다양한 반응을 존중하여 더욱 세심하게 반응하는 방법을 배우는 것이 필요합니다.

👩‍🏫 목표

▷ 같은 상황에서도 사람마다 다르게 느낀다는 것 배우기

👷 준비물

▷ 각 학생에게 제공할 8×13cm 단어 카드, 연필, 토큰 12개(플라스틱이나 종이 클립)

▷ 각 학생에게 제공할 '나는 이렇게 느끼는데, 너는 그렇게 느끼는구나-게임판' (활동지 8)

👩‍💼 진행 절차

1. 한 학생당 5장의 단어 카드를 나누어 줍니다. 각 학생에게 지난주에 본인의 감정을 불러일으킨 다섯 가지 상황을 생각해 보라고 합니다. 시험에서 완벽한 점수를 받았거나, 절반이 틀린 시험지를 받았거나, 친구와 함께 밤새 놀도록 초대받았거나, 치과에서 치료를 받았던 일 등의 사례를 공유합니다. 각 학생에게 카드마다 각각 다른 상황을 적고, 카드 뒷면에 자신의 느낌을 적어 보라고 합니다 (학생들은 카드에 자신의 이름을 적어서는 안 됩니다).

2. 학생들이 적은 카드를 회수하고, '나는 이렇게 느끼는데, 너는 그렇게 느끼는구나-게임판'(활동지 8)과 토큰을 배부합니다.

3. 2명의 지원자(호명하는 사람과 기록하는 사람)를 참여시킵니다. 호명하는 사람이 카드를 섞고 무작위로 선택하도록 합니다. 이 사람은 각 카드의 상황을 읽고 학

생들에게 그 상황에 대한 느낌을 나타내는 단어에 토큰을 놓을 시간을 줍니다. 그런 다음, 기록자는 칠판에 숫자 1을 쓰고 5명의 감정 응답을 들어 숫자 아래에 기록합니다. 호명하는 사람이 두 번째 상황을 읽고 학생들은 감정 단어를 적습니다. 기록자는 칠판에 감정 단어를 기록합니다. 누군가 "빙고"를 외칠 때까지 이러한 과정을 반복합니다. 이후 또 다른 누군가가 "빙고"를 외치면 게임을 종료하거나, 빈 카드에 새로운 상황을 적고 게임을 다시 시작합니다.

4. 약 15~20분 동안 진행한 후에 내용 질문과 개인 질문에 대해 토론합니다.

🧑‍🏫 토론

내용 질문

1. 첫 번째 상황에 적힌 응답을 봅니다. 모두 똑같이 응답하였나요? 모든 사람들이 그 상황에 대해 같은 감정을 가졌나요? (선생님은 이 카드를 다시 읽고 학생들이 적어낸 감정을 다시 짚어 줍니다.) 만약 사람들이 같은 감정이 아니었다면, 왜 그렇다고 생각하나요?

2. 어떤 상황에 대해 자신이 어떻게 느끼는지 알아내기가 어려웠나요?

개인 질문

1. 실생활에서, 자신이 어떻게 느끼는지 알아내는 게 어렵나요? 그럴 때 그 감정을 알아내기 위해 어떤 것을 떠올릴 수 있을까요?

2. 실생활에서, 모든 사람들이 같은 일에 대해 모두 똑같이 느끼나요? 왜 그렇다고 생각하나요?

3. 특정 상황에서 자신과 다르게 반응하는 사람을 어떻게 대해야 한다고 생각하나요?

🧑‍🎬 후속 활동

학생들에게 자신의 감정적 반응이 다른 사람들과 달랐던 경우가 있었는지, 그리고 같은 상황에서 다른 감정을 가짐으로써 어떤 일이 일어났었는지 이야기를 쓰게 합니다.

게임판

나는 이렇게 느끼는데, 너는 그렇게 느끼는구나

13세

지시사항: 호명하는 사람이 상황을 읽을 때 해당 상황에서 본인의 기분이 어떤지를 설명하는 감정 단어 위에 토큰을 놓습니다. 누군가가 빙고를 완성할 때까지 계속합니다. 빙고는 세로, 가로 또는 대각선으로 한 줄을 완성했을 때입니다.

자랑스러운	행복	신난	화난	질투
슬픈	맹렬한	죄책감	부끄러운	우울
신난	화난	자랑스러운	슬픈	외로움
행복	신난	긴장한	우울	질투심
긴장한	겁먹은	화난	부끄러운	죄책감

활동지 8

49

정서 발달 2 감정 바꾸기

발달의 관점

점점 성숙해짐에 따라 청소년들은 감정이 변할 수 있다는 것을 깨닫기 시작합니다. 그러나 감정이 너무 빈번하게 변화하여 그들은 자신의 감정 변화를 스스로 통제할 수 있는 정도를 알지 못합니다. 결과적으로, 청소년들은 부정적인 감정에 쉽게 압도되어 자신에 대해 아무것도 할 수 없다고 생각합니다. 청소년들이 생각을 바꿈으로써 자신의 감정을 바꿀 수 있다는 것을 이해하도록 돕는 것은 다루기 힘든 감정들을 효과적으로 다루는 데 도움이 되는 방법입니다.

목표

▷ 감정은 바뀔 수 있다는 것 배우기
▷ 생각을 바꿈으로써 감정을 바꾸는 방법 배우기

준비물

▷ 각 학생에게 제공할 종이와 펜
▷ 각 학생에게 제공할 '감정 바꾸기-활동지'(활동지 9)

진행 절차

1. 다음과 같이 생각하는 학생들은 손을 들라고 하면서 수업을 시작합니다.
   ▶ 자신의 감정을 통제할 수 있다.
   ▶ 다른 사람들이 자신의 감정을 통제할 수 있다.
   ▶ '상황'이 슬픔, 기쁨, 분노 등을 느끼게 한다.
   ▶ 노력하면 감정을 바꿀 수 있다.

2. 학생들이 자신의 감정을 바꿀 수 있다는 것을 간단하게 설명합니다. 때때로 그들은 나쁜 것을 좋은 것으로, 슬픔을 기쁨으로 바꾸려 하지 않아도 덜 슬프고 덜 나쁜 감정을 느낄 수 있습니다. 학생들에게 종이와 펜을 나누어 주고 다음 질문

에 응답하게 합니다.

▶ 1주나 2주 전에 자신을 화나게 만들었던 일을 떠올려 보세요. 종이 맨 위에 '분노' 라고 쓰고 그때 상황에 대해 간단히 적어 보세요.

▶ 그다음에, 그 사건에 대해 무슨 생각을 했는지 적어 보세요. 예를 들어, 부모님이 자신이 하고 싶지 않은 집안일을 시켜서 화가 났을 때, 아마 당신은 부모님들은 본인이 하기 싫은 일을 자녀에게 시키면 안 되고, 항상 재미없는 일을 해야 하는 게 불공평하다고 생각했을 것입니다.

학생들이 이러한 사건, 감정, 생각을 공유하도록 합니다.

3. '감정 바꾸기-활동지'(활동지 9)를 각 학생에게 배부합니다. 사람들이 느끼는 방식은 생각하는 방식과 관련이 있다는 사실에 대해 토론합니다. 학생들에게 활동지를 보고 각각의 감정과 가장 관련이 있는 여러 생각들을 찾아내서 그 생각들 옆에 그 감정들을 쓰라고 합니다.

4. 학생들이 어떤 단어들을 각 생각들의 묶음과 관련시켰는지 토론하고, 그 생각을 선택한 이유를 이끌어 냅니다. 만약 자신의 감정을 바꾸고 싶다면 다음과 같이 수행함으로써 생각을 바꿔야 한다고 설명합니다.

▶ 자신의 부정적인 감정을 바꾸고 싶은 상황을 생각합니다(예: 가장 친한 친구가 오늘 아침 버스에서 나를 무시했기 때문에 매우 기분이 좋지 않은 상황).

▶ 다음으로, 스스로에게 해 줄 말을 생각해 봅니다(예: 친구가 나를 무시한 것이 끔찍해, 그 친구는 더 이상 나와 어울릴 가치가 없어, 다시는 나와 친구가 되지 않을 거라고 생각하는 것이 분명해).

다음과 같은 질문을 스스로에게 하면서 그 생각들에 대해 다른 의견을 제시해 봅니다.

▶ 다시는 친구가 되지 않는다는 것에 근거가 어디 있을까? 나를 무시한 것이 친구가 나를 가치 없다고 생각했다는 뜻일까? 그 친구는 다른 이유 때문에 나를 무시하지 않았을까? 예를 들어, 그날 특별히 기분이 좋지 않았거나 집에 문제가 있었을 수 있어.

▶ 이러한 질문에 답하면 다양한 관점에서 바라볼 수 있는 방법을 생각해 낼 수 있습니다. 그리고 그것으로 인해 강한 부정적인 감정을 줄일 수 있습니다(예: 무시당해서 기분이 좋다는 뜻은 아니지만, 생각을 조금 다르게 해서 친구가 나를 좋아하지 않거나 다시는 친구가 되지 않을 것이라는 생각을 하지 않을 수 있어).

5. 이러한 과정을 학생들과 함께 나누며, 예시를 통해 사건, 감정, 생각, 관점의 전

51

환 그리고 새로운 감정을 되짚어 봅니다.

6. 내용 질문과 개인 질문에 대해 토론합니다.

토론

내용 질문

1. 특정한 감정과 관련하여 왜 그렇게 생각했나요?

2. 앞의 예시를 듣고 자신의 생각을 고려해 봤을 때, 어떻게 하면 자신의 감정을 바꾸거나 적어도 감정이 누그러지도록 할 수 있을까요? 이러한 과정을 이전에도 해 본 적이 있나요?

3. 자신이 생각을 바꾸었을 때 감정이 어떻게 변화할 수 있나요?

개인 질문

1. 생각을 바꿨을 때 결과적으로 감정도 변한 적이 있었나요? 어떻게 그런 일이 일어났나요?

2. 나쁜 감정을 좋게 변화시키기 위해 이번 활동으로 어떤 것을 배웠나요?

후속 활동

학생들에게 자신의 감정과 생각을 이틀 동안 기록하게 합니다. 그들이 생각을 바꿀 때 감정은 어떻게 바뀔 수 있는지 함께 논의해 봅니다.

감정 바꾸기

이름: _____   날짜: _____

지시사항: 다음의 감정 단어를 읽은 후, 생각을 표현하는 문장 세트를 읽어 보세요. 이 문장들과 가장
가깝다고 생각하는 감정 단어를 옆의 빈칸에 적어 보세요.

슬픔	좌절감	화남
행복함	죄책감	

그건 불공평해.
그들은 나를 이렇게 대우하면 안 돼.   _____
나는 내 길을 가겠어.

이거 재밌어 보여.
나는 분명히 좋아할 거야.   _____
이거 진짜 괜찮다.

이거 너무 어렵다.
이렇게까지 열심히 하지 않아도 될 텐데.   _____
이거 하기 싫으니까 할 필요 없어.

그건 내 탓이야.
나에게 뭔가 문제가 있어.   _____
모든 게 내 뜻대로 안 돼.

나는 더 잘 알았어야 했어.
나는 항상 일을 망쳐 버려.   _____
절대 나를 용서할 수 없어.

행복을 향해

🧑‍💼 발달의 관점

초기 청소년기와 관련된 일반적인 문제 외에도, 자신이 처한 환경에 대해 부정적인 감정을 경험하는 청소년들이 많습니다. 그들이 더 행복해지기 위해 무엇을 할 수 있는지 알아내도록 돕는 것은 부정적인 감정에 압도당하지 않도록 해 줍니다.

🧑‍💼 목표

▷ 내 감정은 내가 선택하는 것임을 배우기
▷ 더 행복하게 느낄 수 있는 방법들을 알아내기

👷 준비물

▷ 칠판
▷ 학생 2명당 1장씩 제공할 '행복을 향해−활동지'(활동지 10)
▷ 각 학생에게 제공할 연필

🧑‍💻 진행 절차

1. 얼마나 많은 학생들이 지난 며칠 동안 행복하다고 느꼈는지를 물어보며 수업을 시작합니다. 그들이 무엇에 대해 행복했는지 몇 가지 예를 들게 합니다.

2. 사람들이 때로는 긍정적인 측면이 아닌 부정적인 측면만 바라보기 때문에 행복하지 않다는 사실에 대해 토론합니다. 사람들이 긍정적인 태도를 좀 더 자주 갖는다면 더 행복해질 것이라고 강조합니다. 학생들에게 행복하거나 슬퍼하는 것에 대한 선택권이 있다고 생각하는지, 그리고 선택의 여지가 있다고 생각하면 어떻게 자신을 행복하게 하는지 물어봅니다. 이전 활동인 '감정 바꾸기'를 참조하여 생각이 느낌에 어떤 영향을 미치는지 논의합니다. 다음의 예시를 참고합니다.

스키나 눈썰매를 타러 갈 계획이 있을 때는 일기예보에 눈소식이 있다면 기쁘겠지만, 눈이 많이 내려 집에 갇힌 채로 며칠 동안 친구도 못 만나고 지루하게 보낼 생각을 하면 불행할 것입니다.

학생들에게 다른 예시를 이야기하도록 합니다.

3. 2명씩 짝을 짓게 하고, '행복을 향해–활동지'(활동지 10)를 나누어 줍니다. 그들에게 행복을 느끼기 위한 아이디어를 가지고 활동지를 완성하게 합니다. 그런 다음, 이 아이디어에 동의하는 사람을 찾아 아이디어 옆 빈칸에 서명하도록 합니다. 모든 빈칸에 서명을 채우거나 선생님이 종료 시간을 말하면 활동이 종료됩니다.

4. 내용 질문과 개인 질문에 대해 토론합니다.

🧑‍🏫 토론

내용 질문

1. 파트너와 함께 자신을 더 행복하게 만들기 위한 아이디어를 생각해 낼 수 있었나요? 이것이 쉬웠나요, 어려웠나요?

2. 자신을 더 행복하게 만들기 위해 떠올린 아이디어가 무엇이 있었나요? (아이디어를 칠판에 적어 다른 사람의 아이디어를 볼 수 있도록 합니다.)

3. 다른 사람의 활동지에서 본인이 서명할 만한 아이디어를 찾을 수 있었나요?

개인 질문

1. 칠판에 적힌 아이디어 중에서 과거에 해 본 것이 있나요? 그것들이 자신에게 어떻게 작용했나요?

2. 자신을 더 행복하게 만들 새로운 아이디어가 있나요? 어떤 아이디어를 시도해 볼 것인가요?

3. 나중에 자신이 더 행복해지기를 원할 때 스스로에게 도움이 될 만한 것을 이 수업에서 배운 게 있나요?

🧑‍💻 후속 활동

칠판의 아이디어 목록을 복사하여 모든 사람에게 배부합니다. 학생들에게 이 아이디어를 실제로 적용해 보고 더 큰 행복을 느끼기 위해 이 아이디어를 어떻게 사용했는지 이야기를 쓰거나 그림을 그리도록 합니다.

행복을 향해

이름: _____ 날짜: _____

지시사항: 파트너와 함께 좀 더 행복하게 느끼도록 만드는 방법에 대해 토론하고, 활동지의 빈칸에 이 아이디어를 작성합니다. 다 완성하면 활동지를 가지고 주변을 걸어 다니면서 빈칸에 서명을 할 수 있는 사람을 찾아봅니다.

나는 행복하지 않을 때, 나 자신을 행복하게 만들기 위해 다음의 행동을 한다.

_____ (서명) _____

_____ (서명) _____

_____ (서명) _____

_____ (서명) _____

_____ (서명) _____

_____ (서명) _____

_____ (서명) _____

_____ (서명) _____

정서 발달 4 가족에 대한 감정

👩‍🏫 발달의 관점

초기 청소년기에는 일반적으로 친구와 더 많은 시간을 보내고 가족에 덜 의존하지만, 대부분은 이전과는 다른 방식으로 부모가 여전히 필요하다는 것을 인정합니다. 그들은 계속해서 가족으로부터 큰 영향을 받습니다. 부모의 알코올중독, 이혼 또는 다른 역기능 문제들은 강한 감정을 이끌어 냅니다. 청소년들이 가족 문제에 대한 감정을 식별하고, 그러한 감정을 표현하고 다루는 건강한 방법을 찾도록 돕는 것은 그들의 정서 발달에 중요합니다.

👩‍🏫 목표

▷ 가족 문제에 대한 감정을 다루는 방법 배우기

👷 준비물

▷ 칠판
▷ 각 학생에게 제공할 '가족에 대한 감정-이야기'(활동지 11)
▷ 각 학생에게 제공할 종이와 연필

👩‍💼 진행 절차

1. 학생들에게 자신의 가족을 포함하여 자신이 아는 다섯 가족에 대해 생각해 보라고 하면서 수업을 시작합니다. 그 다섯 가족 중에 두 명의 친부모와 함께 집에 살고 있는 가족이 있다면 손을 들게 합니다. 손을 든 학생들의 수를 칠판에 기록합니다. 그다음, 그 다섯 가족 중 적어도 두 가족에 새엄마 혹은 새아빠가 있다면 손을 들라고 합니다. 그 숫자도 칠판에 기록합니다. 다음으로, 학생들에게 다섯 가족 중 적어도 하나의 가족에 술을 많이 마시는 부모나 폭력적인 부모와 같은 문제가 있다고 생각한다면 손을 들어 보라고 합니다. 학생들에게 이러한 유형의 가족상황과 관련 있다고 생각하는 감정을 이끌어 내고 칠판에 기록합니다.

57

2. 각 학생에게 '가족에 대한 감정—이야기'(활동지 11)를 배부하고 읽게 합니다.

3. 학생들이 다 읽은 후 그룹을 반으로 나눕니다. 한 그룹에는 이혼에 관한 이야기를, 다른 그룹에는 부모의 알코올중독에 관한 이야기를 배정합니다. 그다음, 전체 학생 수에 따라 한 그룹에 3~4명 이상이 되지 않도록 그룹을 나눕니다. 각각의 그룹에게 이 이야기 속의 아이가 상황을 더 좋게 보기 위해 생각하거나 할 수 있는 방법을 찾아보라고 합니다. 아이디어를 종이에 기록하고 전체 학생들에게 발표하게 합니다.

4. 각 그룹이 발표할 시간을 주고 이 제안들을 칠판에 기록합니다.

5. 내용 질문과 개인 질문에 대해 토론합니다.

🧑‍🏫 토론

내용 질문

1. 이 이야기에 묘사된 상황이 흔하다고 생각하나요? 묘사된 감정 역시 이러한 상황에서 흔하다고 생각하나요?

2. 만약 이러한 상황이 자신에게 일어난다면 통제할 수 있나요? 그렇다면, 자신이 통제할 수 있는 것은 무엇인가요?

3. 그룹과 함께 나눈 다양한 아이디어들을 생각해 보세요. 어려운 상황에 대한 감정을 다루기 위해 이런 방법들에 대해 생각해 본 적이 있나요? 어떤 아이디어가 가장 도움이 될 것 같고 그 이유는 무엇인가요?

4. 이 이야기에 묘사된 상황에서 어른들을 바꾸는 것이 가능하다고 생각하나요? 그렇지 않다면, 자신이 이러한 상황에서 더 효과적으로 대처하기 위해 할 수 있는 일이 있나요? (예를 들어 보게 합니다.)

개인 질문

1. 자신이나 자신이 알고 있는 누군가가 이러한 실화에 묘사된 상황들 중 하나 또는 둘 다 경험한 적이 있나요?

2. 만약 경험을 했다면, 이야기에서 확인된 감정들이 자신이나 그 사람이 느꼈던 감정과 비슷한가요?

3. 이러한 상황에 놓여 본 적이 있다면, 스스로 그것을 극복하기 위해 어떤 것들을 했나요?

후속 활동

학생들이 읽을 수 있는 다양한 유형의 가족 문제를 다룬 책을 준비합니다.

가족에 대한 감정

지시사항: 가족 문제를 겪어야 했던 또래 친구들에 대한 다음의 두 실화를 읽어 봅니다. 이야기를 읽으면서, 이들이 어떻게 느꼈을지 생각해 봅니다.

이혼

우리가 한 가족이길 원했기 때문에 기분이 좋지 않다. 나는 엄마, 아빠, 형제들과 함께 살고 싶었다. 내가 자란 집 말고는 다른 곳에서 살고 싶지 않다. 부모님이 이혼을 한다는 것이 너무 속상하지만 그 일에 대해 내가 할 수 있는 것이 아무것도 없다. 내가 이 상황을 멈출 수 없어서 화가 난다. 나에게도 선택권이 있었다면 이런 일은 일어나지 않았을 것이다.

앞으로 많은 것들을 그리워할 것 같다. 우리 가족이 함께 여행가는 것과, 동네에서 같이 자란 친구들이 그리울 것이고, 내가 자라온 집에 사는 것도 많이 그리울 것 같다. 매일 부모님 두 분을 만나는 것도 그리워할 것이고, 우리가 함께했던 모든 즐거운 것들을 그리워할 것이다.

가끔씩 기분이 너무 안 좋아서 잠을 못 자거나 배가 아파서 밥을 먹지 못한다. 세상 모든 사람들이 얼마나 슬픈지에 대한 생각이 들고 끔찍한 감정을 느낀다. 상황이 바뀔 수 있길 바란다. 이것이 내 인생을 영원히 바꿔 놓았다는 생각이 들 때 기분이 많이 안 좋다.

— 톰, 13세

가족에 대한 감정

알코올중독자 부모님

엄마가 술을 너무 많이 마신다는 것을 알고 있다. 엄마는 내가 모른다고 생각하지만 나는 알고 있다. 엄마는 술을 마실 때 가끔은 엄청 다정하지만, 잠시 후에 갑자기 태도가 바뀌면서 소리를 지른다. 그럴 때마다 너무 혼란스럽고 두렵다. 어떻게 해야 할지 모르겠다.

아빠는 엄마가 술을 많이 마시지 않도록 막지 않는다. 그런 아빠를 보면 화가 난다. 부모님이 이 문제를 가지고 싸울 때마다 너무 무섭다. 하지만 아무것도 변하지 않는다. 친구들이 우리 집에 놀러 오면, 엄마가 혹시 이상한 행동이나 말을 할까봐 친구들을 초대하는 것이 두렵다.

나는 내 방에서 혼자 많은 시간을 보낸다. 슬퍼서 많이 울기도 한다. 내가 방에 있을 때도 나는 엄마가 언제 술을 마시기 시작하는지 알고 있다. 냉장고 문이 열리고 잔에 얼음이 들어가는 소리를 듣는 것이 싫다. 찬장 문을 열고 병을 꺼내는 소리가 다 들린다. 엄마는 그게 탄산음료인 척하지만 아니라는 것을 알고 있다. 엄마가 내게 거짓말하는 것이 싫기 때문에 나는 그에 대해 아무 말도 하지 않는다.

이런 엄마를 막을 수 없다는 것에 무력감을 느낀다. 누가 할 수 있는지 모르겠다. 때로는 너무 화가 나서 어떤 행동을 취하기도 하지만, 그러고 나면 기분이 안 좋아진다. 다른 사람들이 엄마의 문제에 대해 아는 것도 싫어서 아무에게도 말하고 싶지 않다. 그렇다 보니 계속 기분이 안 좋다.

— 애니, 13세

느끼고, 행동하라

정서
발달
5

 발달의 관점

이 시기에 청소년들은 꽤 광범위한 감정 단어를 알고 있으며, 자신이 느끼는 것과 행동하는 것(감정에 따라 행동하는 법) 사이의 연관성을 점점 더 이해할 수 있습니다. 다양한 행동 대안의 효과를 평가하는 법을 배우도록 돕는 것은 그들의 정서적/행동적 발달에 중요합니다.

목표

▷ 감정과 행동 사이의 연관성 배우기

준비물

▷ 5명으로 구성된 그룹에게 제공할 '느끼고, 행동하라―감정 단어'(활동지 12)가 담긴 통
▷ 5명으로 구성된 그룹에게 제공할 8×13cm 10장의 빈 카드 세트
▷ 각 학생에게 제공할 연필
▷ 5명으로 구성된 그룹에게 제공할 '액션'이라고 적힌 상자

진행 절차

1. 학생들을 5명씩 한 그룹으로 나눕니다. 각 그룹에 10장의 빈 카드 세트와 '느끼고 행동하라―감정 단어'(활동지 12) 세트가 들어 있는 통을 제공합니다.
2. 각 그룹의 학생들에게 통에 든 감정 단어를 한 번에 하나씩 꺼내도록 합니다. 빈 카드에는 꺼낸 단어의 감정을 느낄 때 자신이 하는 행동 세 가지를 쓰게 합니다 (감정 단어 자체를 카드에 쓰지 않습니다). 예를 들어, '분노'라는 단어를 꺼냈을 때, '물건을 던진다' '소리를 지른다' '무언가를 주먹으로 때린다'라고 적을 수 있습니다. 첫 번째 단어를 마치면 두 번째 단어로 넘어가서 모든 단어가 끝날 때까지 계속합니다.

3. 모든 사람이 끝나면, 각 그룹에 액션 상자를 나누어 주고, 학생들이 세 가지씩 적은 행동 카드를 그 상자에 넣도록 합니다. 상자를 모아 각 그룹이 다른 상자를 갖도록 재분배합니다.

4. 그룹들에게 액션 상자를 열고 한 번에 하나씩 카드를 꺼내도록 지시합니다. 각 그룹 내에서 학생들은 기록된 행동과 가장 관련 있을 것 같은 감정에 대해 논의하고 그 감정을 카드에 적어야 합니다. 다음으로, 그 감정을 표현하는 데 도움이 되고 건강한 방법이라고 생각되는 행동들에는 더하기 부호(+)로 표시하고, 도움이 되지 않거나 건강하지 않은 행동들에는 빼기 부호(−)로 표시합니다.

5. 각 그룹들은 그들의 행동 문구, 이와 관련된 감정, 부호(+ 또는 −)를 전체 그룹과 공유합니다.

6. 내용 질문과 개인 질문에 대해 토론합니다.

토론

내용 질문

1. 특정 감정에 관해 어떻게 행동하는지 생각하기 어려웠나요?

2. 자신이나 다른 그룹원들이 일반적으로 각 감정에 해당하는 행동에 일치된 의견을 보였나요?

3. 행동 카드를 뽑아 확인했을 때 어떤 감정들과 관련이 있을지 알아내기 어려웠나요?

4. 도움이 되는 행동과 그렇지 않은 행동을 구별할 수 있었나요? 어떤 행동이 별로 도움이 되지 않을 거라고 생각했나요?

개인 질문

1. 어떤 특정 감정을 느낄 때, 자신의 행동이 그 감정과 어떻게 관련되는지 알고 있나요?

2. 자신이나 남들에게 도움이 되지 않는 방향으로 감정에 치우쳐 행동한 적이 있나요? 그때 어떻게 느꼈으며 어떤 결과가 발생했나요?

3. 자신의 감정과 행동의 연관성에 대해 좀 더 이해하는 것이 미래에 어떻게 도움이 될까요?

4. 감정에 따라 행동하는 방법은 항상 다릅니다. 따라서 도움이 되는 행동이나 그렇지 않은 행동 중에 어느 것을 선택하는 것이 더 합리적이라고 생각하나요?

후속 활동

학생들에게 이틀 동안 자신의 감정과 그에 따른 행동을 기록해 보라고 합니다. 자신의 행동이 도움이 된다고 생각하는지 아닌지, 그리고 그렇지 않은 경우, 자신의 감정을 표현하는 어떤 다른 선택권이 있는지 평가하게 합니다. 그들에게 관찰에 관한 짧은 보고서를 작성하고 그룹과 공유하도록 합니다.

느끼고, 행동하라

지시사항: 다음의 감정 단어를 각각 잘라서, 5명으로 구성된 각 그룹당 1세트씩 줍니다.

분노	좌절감
걱정	무서움
신난	속상한
실망스러운	질투하는
슬픈	긴장된

사회성 발달 1 더 좋은 친구 되기

발달의 관점

많은 청소년들은 친구가 자신의 삶에서 가장 중요한 부분이라고 강하게 여깁니다. 그들 중 대부분은 학교를 친구들과 교류할 수 있는 곳으로 보고, 학습은 부차적인 것으로 여깁니다. 청소년들은 우정을 중요하게 여기기 때문에, 이러한 관계가 잘 되지 않을 때 감정을 매우 소모하므로 이들에게는 우정을 시작하고 유지하는 기술이 필요합니다.

목표

▷ 우정을 시작하고 유지하는 방법 배우기
▷ 긍정적인 우정과 부정적인 우정의 특성 구분하기

준비물

▷ 칠판
▷ 각 학생에게 제공할 작은 종이봉투, 마커, 가위, 종이 2장
▷ 각 학생에게 제공할 5~6개 단어 카드와 실(후속 활동용)

진행 절차

1. 학생들에게 친하게 지내는 친구를 생각해 보라고 합니다. 각자 종이 한 장에 친구의 이름을 쓰지 않은 채 이 친구를 좋은 친구로 생각하게 만드는 몇 가지 특성이나 행동을 적어 보라고 합니다(예: 신뢰할 수 있다, 나를 실망시키지 않는다, 내 옆에 항상 있다 등). 그런 다음, 학생들에게 함께 잘 지내지 못하는 친구를 떠올리며 똑같이 적어 보라고 합니다(예: 나에 대해 뒷담화를 한다, 나를 가끔 소외시킨다 등). 모두 마친 후에는 칠판에 두 개의 칸을 만들고 학생들이 쓴 긍정적인 특성과 부정적인 특성을 이야기하면서 칠판에 적습니다.

2. 종이봉투, 마커 및 가위를 나누어 주고, 각 학생에게 다른 종이를 꺼내도록 요청

66

합니다. 학생들에게 많은 사람들은 다른 사람들을 통제하고 싶어 하지만 실제로는 그렇게 할 수 없다는 사실을 토론합니다. 다시 말해, 사람들은 누군가를 억지로 자신의 친구로 만들 수는 없지만, 자신의 행동은 통제할 수 있으므로, 다른 사람이 친구가 되고 싶어 하는 행동을 함으로써 친구를 사귈 가능성을 높일 수 있다는 것입니다. 예를 들어, 다른 사람들이 자신에 대해 뒷담화를 하지 못하게 할 수는 없지만, 본인은 그렇게 행동하지 않을 수 있습니다. 학생들에게 자신은 친구로서 어떠한지 생각하게 합니다. 학생들에게 긍정적인 우정의 특성이라고 생각하는 것을 종이봉투의 바깥 면에 쓰게 합니다. 그런 다음, 빈 종이 1장을 여러 조각으로 자르게 한 뒤, 부정적인 우정의 특성이라고 생각하는 것을 기록한 다음 봉투 안에 넣습니다.

3. 학생들을 네 개의 그룹으로 나누고 종이봉투 바깥 면에 써 둔 것(긍정적인 우정의 특성)을 공유하도록 합니다. 그들에게 봉투 안에 있는 것(부정적인 우정의 특성)은 전부 또는 일부만 공유해도 되고 또는 전혀 공유하지 않아도 된다고 설명합니다. 학생들이 서로를 잘 알고 있고 화합이 잘 되는 그룹은 그 특성에 대해 건설적인 피드백을 주고받을 수 있습니다.

4. 다시 학생 전체에게 더 추가할 긍정적인 또는 부정적인 특성들이 있는지 묻고 칠판에 적습니다.

5. 학생들에게 자신의 봉투 안에 넣은 내용에 대해 생각해 보고, 바꾸고 싶은 한 가지 특성에 대해 생각해 보라고 합니다. 그리고 이것을 종이에 적게 하고, 이것을 바꾸기 위해 할 수 있는 것을 두세 가지 정도 쓰게 합니다. 그리고 공유하도록 합니다.

6. 내용 질문과 개인 질문에 대해 토론합니다.

토론

내용 질문

1. 이 활동을 시작하기 전에, 자신은 그룹 내에서 긍정적인 우정 특성으로 구분한 모든 특성들에 대해 알고 있었나요? 부정적인 특성들은 어땠나요?

2. 긍정적인 우정 특성들에 대해 생각하는 것이 얼마나 쉽거나 어려웠나요? 부정적인 특성들은 어땠나요?

3. 어떤 사람이 장점만 가지고 있거나 단점만 가지고 있는 것이 가능하다고 생각하나요?

4. 만약 어떤 사람이 단점이 너무 많다면, 그를 바꾸는 것이 가능할까요?

5. 부정적인 우정 특성들을 조금 가지고 있다고 해서 그것이 완전히 나쁜 친구인 것처럼 만드나요?

개인 질문

1. 자신의 긍정적인, 부정적인 우정 특성들에 대해 무엇을 배웠나요?

2. 자신의 부정적인 특성 중 하나를 바꾸어 나갈 계획에 대해 어떤 생각을 했나요? 얼마나 성공할 것 같나요?

3. 우정에 대해 오늘 어떤 것을 배웠나요?

후속 활동

학생들에게 8×13cm 단어 카드를 사용하여 실이나 끈으로 묶어서 우정 목걸이를 만들어 보라고 합니다. 카드의 한쪽 면에는 자신의 긍정적인 특성으로 간주되는 것을 쓰고, 다른 쪽에는 바꿀 수 있는 부정적인 특성을 씁니다.

사회성
발달
2

누가 누구에게 무엇을 말했지?

발달의 관점

대부분의 청소년에게 집단에 속하는 것은 매우 중요합니다. 이 발달 단계에서는
긍정적인 대인관계를 만들어 낼 기술을 배워야 합니다. 이 시기에는 청소년들의
추상적 사고력이 막 개발되는 시점이기 때문에, 이들은 무언가를 쉽게 오해하고,
중간 과정 없이 결론을 짓거나, 잘못된 결론에 근거하여 행동을 취하기도 합니다.
결과적으로, 관계 문제가 자주 발생합니다.

목표

▷ 사실과 가정이 다른 것임을 구분하기

▷ 사실 확인을 함으로써 관계 속에서 의사소통 실수로 발생하는 문제를 피하기

준비물

▷ 칠판

▷ 다음의 메시지를 각 그룹(6명씩)에게 나누어 줍니다.

> 나 정말 화났어. 내가 어젯밤에 엄마 아빠 몰래 외출하려다가 들켜서 2주 동안 외
> 출금지령을 받았거든. 내가 아무 데도 갈 수 없으니까 네가 우리 집으로 놀러 올 수
> 있니? 다른 애들한테도 물어봐. 지하실 문을 통해서 내 방으로 몰래 들어오면 돼.

▷ 각 학생에게 제공할 '누가 누구에게 무엇을 말했지?-활동지'(활동지 13)와 연필

진행 절차

1. 소문의 의미와 소문이 다른 사람과의 관계에 미치는 영향에 대해 토론하면서
   수업을 시작합니다. 그런 다음, 학생들을 6명씩 한 그룹으로 나누고, 각 그룹을
   한 줄로 서게 합니다. 각 그룹의 첫 번째 학생에게 메시지가 적힌 쪽지를 주고,
   다음 줄에 있는 사람에게 이 이야기를 귓속말로 전달하도록 하며, 그다음 줄에

있는 사람에게 이 이야기를 반복하여 줄의 끝까지 다다르게 합니다. 모든 줄이 마치면 마지막 사람이 자신이 들었던 메시지를 발표하게끔 합니다. 칠판에 원본 메시지를 쓰고, 메시지가 어떻게 잘못 들렸는지 보여 줍니다. 의사소통이 잘못되었을 때 다른 사람들과의 관계에서 일어날 수 있는 문제에 대해 토론하게 합니다.

2. 칠판에 '사실과 가정'이라는 단어를 씁니다. 학생들에게 이 두 용어를 구별하게 하고 사실은 입증될 수 있거나 사실이라고 알려진 것이며(예: 대전은 광역시입니다), 가정은 누군가의 의견이거나 진실일 것 같다고 생각하는 것임을 설명합니다(예: 대전은 큰 도시입니다). 대인관계에서 확인하지도 않고 사실이라고 가정하는 것은 소문이 그러한 것과 마찬가지로 관계에 문제가 생길 수 있습니다.

3. '누가 누구에게 무엇을 말했지?-활동지'(활동지 13)를 나누어 주고 완성하게 합니다. 모두 마치면, 3명씩 그룹 지어 내용을 공유하고 토론하게 합니다.

4. 내용 질문과 개인 질문에 대해 토론합니다.

🧑‍🏫 토론

내용 질문

1. 사실과 가정의 차이점은 무엇인가요? 활동지에서 이것을 구분하기가 어려웠나요?

2. 어떤 것이 사실인지 가정인지 어떻게 아나요?

3. 사람들이 가정을 할 때, 그것이 그들의 행동에 어떻게 영향을 미치나요? 사람들이 보통 그들의 가정에 따라 행동한다고 생각하나요?

개인 질문

1. 가정을 믿고 행동했을 때 부정적인 일이 발생한 적이 있나요? (자신의 경험을 공유해 봅니다.)

2. 만약 그렇다면 이것은 보통 또래 친구들 사이에서 발생했나요? 또는 어른들과 함께 있을 때 발생했나요?

3. 가정에 따라 행동해서 벌어지는 부정적인 결과를 피하기 위해 어떤 것들을 할 수 있다고 생각하나요?

후속 활동

학생들에게 다음 주 동안 자신의 사실과 가정을 모니터링하고 행동을 취하기 전에 가정을 확인하도록 합니다. 그들이 행동하기 전에 가정을 확인함으로써 관계에 어떤 영향을 끼쳤는지에 관해 짧은 글을 쓰게 합니다.

누가 누구에게 무엇을 말했지?

이름: _____   날짜: _____

지시사항: 각 문장을 읽고 그것이 사실(F)인지 가정(A)인지 생각해 보고 동그라미 쳐 보세요. 그리고 다음 쪽에 있는 질문들에 답합니다.

사실 혹은 가정?

F   A   1. 톰의 엄마는 그에게 전화 통화를 하면 안 된다고 말했다.

F   A   2. 제니퍼의 아빠는 제니퍼가 늦게 귀가하여 외출금지를 시키는 과잉반응을 보였다.

F   A   3. 에릭은 시험공부를 해야 하는데 책을 집에 가져가는 것을 잊어버렸다.

F   A   4. 콜은 시험을 못 봤기 때문에 분명 공부를 열심히 하지 않았을 것이다.

F   A   5. 에이미는 통금이 10시인 것을 알았지만 11시까지 밖에 있었다.

F   A   6. 마리아는 집에서 함께 놀 친구 3명을 초대했다.

F   A   7. 시런의 선생님은 그가 1교시에 없었기 때문에 학교를 결석했다는 것을 알았다.

F   A   8. 사라는 수업 마지막 교시가 끝나고 교실에서 마커스를 무시했기 때문에 더 이상 마커스와 사귀고 싶은 마음이 없다는 것이 분명했다.

F   A   9. 타냐가 트레이시를 파티에 초대하지 않았기 때문에 트레이시는 화가 났다.

F   A   10. 토니는 어젯밤에 형과 말다툼을 했는데, 지난번에 아버지가 형의 말만 믿었기 때문에 이번에도 똑같을 것이라 생각해서, 집에 있으면서 자신의 입장을 주장하는 것은 소용이 없다고 생각하여 집을 나가 버렸다.

누가 누구에게 무엇을 말했지?

질문

1. 자신이 예전에 했던 가정에 대해 예시를 적어 봅니다. 그리고 자신의 행동이 그 가정에 의해 영향을 받았는지 설명하고, 만약 그렇다면 결과가 어땠는지 말해 봅니다.

_____

_____

_____

_____

2. 자신에 대해 누군가 가정했던 예시를 적어 봅니다. 어떤 기분이 들었나요? 어떤 결과가 있었나요?

_____

_____

_____

_____

3. 가정을 하는 것이 다른 사람과 관계를 발전시키는 데에 도움이 되었나요? 또는 왜 그러지 않았나요?

_____

_____

_____

_____

가까웠다가 멀어졌다가 하는 관계

발달의 관점

청소년기에는 소속감과 친구 사귀기가 중요합니다. 소속은 행동 방법에 대한 특정 '규칙'에 의존하며, 관계가 가까웠다가 멀어졌다가 하는 것이 매우 일반적입니다. 이 불안정성은 일반적인 현상이지만 혼란과 다른 불쾌한 감정들이 들 수 있습니다.

목표

▷ 가까웠다가 멀어졌다가 하는 우정 패턴에 영향을 미치는 요소 알아보기

▷ 이러한 패턴에 수반되는 감정들을 파악하고 그것을 다루는 방법 배우기

▷ 이와 같은 관계를 영속적인 거절, 무가치한 감정들과 동일시하지 않는 법 배우기

준비물

▷ 각 학생에게 제공할 종이와 연필

▷ 각 학생에게 제공할 '가까웠다가 멀어졌다가 하는 관계-시나리오'(활동지 14)

진행 절차

1. 학생들에게 종이와 연필을 꺼내게 한 뒤, 다음의 질문들을 듣고 답을 쓰게 하면서 수업을 시작합니다.

   ▶ 한 친구와 잠깐 동안 잘 지냈지만, 잠시 그 관계가 멀어졌다가 다시 회복한 적이 있나요?

   ▶ 친구와 멀어졌을 때, 누가 갈등을 만들었나요?

   ▶ 그때 감정이 어땠나요?

   ▶ 관계를 다시 회복하기 위해 무엇을 했나요? 누가 먼저 화해하고자 시도했나요?

   ▶ 같은 친구와 계속 지내는 것이 좋나요? 아니면 계속 다른 친구들과 관계를 시작하는 것이 좋나요?

2. 학생들에게 '가까웠다가 멀어졌다가 하는 관계−시나리오'(활동지 14)를 주고 읽은 후, 뒤에 있는 질문들에 답하게 합니다. 답변을 짝과 나누도록 합니다.

3. 내용 질문과 개인 질문에 대해 토론합니다.

토론

내용 질문

1. 시나리오에서 설명한 상황을 파악할 수 있었나요? 그렇다면, 어떤 면에서였나요?

2. 이런 일이 여자아이들처럼 남자아이들에게도 정기적으로 일어난다고 생각하나요? 그렇지 않다면, 왜 다르다고 생각하나요?

3. 이 시기의 우정이 왜 변덕스럽다고 생각하나요?

개인 질문

1. 친구가 변덕스러운 태도로 대했을 때 기분이 어땠나요? 긍정적인 감정이었나요, 부정적인 감정이었나요?

2. 이런 경험으로 발생하는 부정적인 감정들을 다루기 위해 무엇을 하나요?

3. 누군가 자신을 잠시 거절한다고 해서, 이것이 영원히 지속된다고 생각하나요?

4. 누군가 자신을 거부하고 절대 화해하지 않는다면, 그것은 모든 사람이 나를 싫어하거나 나를 가치 없는 존재라고 생각한다는 의미인가요?

후속 활동

좋은 롤모델이 될 만한 선배를 초대해서 우정 관계에 문제가 생겼을 때 어떻게 해결하는지, 그리고 이 문제가 나이가 들어도 계속해서 일어나는지 이야기를 들어 봅니다.

가까웠다가 멀어졌다가 하는 관계

지시사항: 다음의 시나리오를 읽고 자신의 또래 친구와의 관계에서 비슷한 경험을 한 적이 있는지 생각해 봅니다. 읽고 난 후 질문에 답해 봅니다.

　　15세인 제이미는 6~8명의 친구들과 자주 어울려 다녔다. 이들은 보통 토요일에 함께 쇼핑몰에 가거나 누군가의 집에 가서 음악을 듣는다든지, 수영장에서 놀거나, 영화를 보았다. 최근 제이미는 무리 안의 다른 친구들이 자신에 대해 루머를 퍼뜨리게 되면서 이들과 잘 지내지 못하였다. 제이미는 친구들이 왜 그렇게 행동하는지 이해하지 못했고, 자신이 무엇을 말해도 소용이 없었다. 친구들은 예전처럼 자주 놀자고 하지 않았고 심지어 파자마 파티에서도 제외되었음을 알게 되었다.

　　친구들은 학교에서 며칠 동안 제이미를 무시하고 점심시간에 같이 앉기를 거부했다. 기분이 너무 상한 제이미는 다시 친구들을 사귈 수 있을지 의구심이 들었다. 밤에 친구들에게 전화도 걸어 보았지만, 이들은 통화를 할 수 없다며 계속 변명을 했다. 제이미는 몇몇 남자아이들에게도 이야기하자고 부탁했지만 거절당하거나 명확한 답을 얻지 못했다. 결국 제이미는 가장 친했던 알리샤에게 편지를 써서 무슨 일이 일어나고 있는지 모르겠다고 했다. 제이미는 알리샤에게 제발 무시하지 말아 달라고 부탁했다. 그리고 며칠 뒤, 알리샤는 제이미에게 전화를 걸어 다른 친구들이 알리샤에게도 똑같이 행동했다고 말하며 화가 났다고 했다. 알리샤와 제이미는 둘이 함께 붙어 다니기로 했고, 그렇게 하니 조금 견딜 만했다. 적어도 그들에게는 각각 1명의 친구가 있었다.

　　일주일 정도 이런 식으로 흘러간 후, 어느 날 무리의 친구 1명이 제이미와 알리샤에게 방과 후 맥도날드에 가자고 했다. 몇몇 친구들도 따라와서 모두 즐거운 시간을 보냈다. 아무도 무슨 일이 있었는지에 대해서 말을 하지 않았지만 이전처럼 다시 어울리기 시작했다. 제이미와 알리샤는 이것이 얼마나 오래 지속될지 궁금했고, 몇 주 뒤 무리 안의 다른 두 사람에게 같은 일이 일어났을 때 별로 놀라지 않았다.

가까웠다가 멀어졌다가 하는 관계

1. 여자아이들은 왜 제이미를 무시하고 따돌렸다고 생각하나요?

_____

_____

_____

_____

2. 제이미는 친구들이 자신을 이렇게 대하는 것을 막기 위해 어떤 조치를 취할 수 있었을까요? 만약 그렇다면 어떠한 조치인가요?

_____

_____

_____

_____

3. 제이미가 친구들과 다시 관계를 회복했을 때, 제이미는 이 친구들에 대해 다르게 느낀 점이 있었을까요? 제이미가 친구들과 다시 어울리면서 지내는 게 좋은 선택이었다고 생각하나요?

_____

_____

_____

_____

사회성 발달 4 직접 대면하기

발달의 관점

이 발달 단계에서, 청소년들은 사회성을 기르는 기술을 배우고 연습합니다. 부모는 십 대들이 전화에 너무 많은 시간을 낭비한다고 이야기하지만, 사실 전화는 직접 대면하는 것보다 덜 위협적인 방식으로 사회적 기술을 연습하는 기회입니다. 학생들이 대인관계를 위해 긍정적, 부정적 사회성을 기르는 기술의 차이를 구별하도록 돕는 것이 중요합니다.

목표

▷ 긍정적, 부정적인 대인관계 기술을 구별하기

준비물

▷ 칠판
▷ 4명당 하나씩 제공할 '직접 대면하기−게임판'(활동지 15)과 '직접 대면하기−게임 카드'(활동지 16) 세트
▷ 각 학생에게 제공할 게임 토큰(동전, 병뚜껑 등)

진행 절차

1. 학생들에게 대인관계에 영향을 미치는 긍정적인 사회성 기술과 부정적인 사회성 기술을 두 가지씩 떠올려 보라고 합니다.
2. 4명씩 한 그룹으로 나눕니다. 게임판(활동지 15), 게임 카드(활동지 16) 및 토큰을 나누어 줍니다. 학생들이 게임 플레이어가 되어, 한 사람씩 돌아가며 카드를 뽑은 뒤 카드에 적힌 내용을 다른 학생들에게 큰 소리로 읽어 주라고 설명합니다. 각 플레이어는 자신이 읽은 내용이 다른 사람과 어울리는 데 긍정적인 방식인지, 부정적인 방식인지 결정합니다. '긍정적인' 경우, 플레이어는 자신의 입장을 설명하고 상황에 대처할 또 다른 긍정적인 방법을 생각합니다. 그렇게 한 후, 플

레이어는 게임판에서 한 칸 앞으로 이동할 수 있습니다(만약 카드에 '!' 가 있으면 플레이어는 두 칸 앞으로 이동). 카드가 '부정적인' 것을 설명할 경우, 어떻게 하면 긍정적으로 대처할 수 있는지 이야기하고 게임판에서는 그 자리를 유지합니다 (카드에 '?'가 있으면 플레이어는 한 칸 뒤로 이동). 한 플레이어가 게임판의 '종료'에 처음으로 도착하면 게임이 끝납니다.

3. 게임을 진행할 수 있는 충분한 시간을 주고, 그다음으로 내용 질문과 개인 질문에 대해 토론합니다.

토론

내용 질문

1. 카드에 적힌 상호작용이 긍정적이었는지 부정적이었는지 어떻게 판단했나요?
2. 긍정적이거나 부정적이거나 혹은 둘 다가 될 수 있는 상호작용이 있었나요? 만약 그렇다면 어떤 것이었고, 왜 그런가요?
3. 이 수업에서 배운 긍정적인 사회성 기술과 부정적인 사회성 기술의 예시는 무엇이 있을까요? (칠판에 적어 봅니다.)

개인 질문

1. 자신이 경험했던 상황과 비슷한 상황이 있었나요? (이야기를 나누어 봅니다.)
2. 규칙에 의해 판단해 보자면, 자신은 다른 사람들과의 상호작용이 긍정적이라고 생각하나요, 부정적이라고 생각하나요?
3. 다른 사람들과 어울리는 자신의 방식에 만족하나요? 다른 사람들과 더 잘 지내기 위해 좀 더 사용할 필요가 있다고 생각하는 사회적 기술들이 있나요?

후속 활동

학생들에게 자신들이 볼 TV 프로그램을 선택하게 합니다. 그리고 이 프로그램에서 관찰한 긍정적, 부정적인 사회성 기술의 목록을 작성하고, 이 목록을 전체 그룹과 공유하도록 합니다.

직접 대면하기

지시사항: 이 게임은 4명의 플레이어가 필요합니다. 한 사람씩 돌아가며 카드를 뽑은 뒤 카드에 적힌 내용을 다른 학생들에게 큰 소리로 읽어 줍니다. 각 플레이어는 자신이 읽은 내용이 다른 사람과 어울리는 데 긍정적인 방식인지 부정적인 방식인지 결정합니다. '긍정적인' 경우, 플레이어는 자신의 입장을 설명하고 상황에 대처할 또 다른 긍정적인 방법을 생각합니다. 그렇게 한 후, 플레이어는 게임판에서 한 칸 앞으로 이동할 수 있습니다(만약 카드에 '!'가 있으면 플레이어는 두 칸 앞으로 이동). 카드가 '부정적인' 것을 설명할 경우, 어떻게 하면 긍정적으로 대처할 수 있는지 이야기하고 게임판에서는 그 자리를 유지합니다(만약 카드에 '?'가 있으면 플레이어는 한 칸 뒤로 이동). 한 플레이어가 게임판의 '종료'에 처음으로 도착하면 게임이 끝납니다.

시작					종료
1					14
2					13
3					12
4					11
5	6	7	8	9	10

직접 대면하기

지도자 유의사항: 다음의 내용을 각각 잘라서, 4명으로 구성된 그룹에게 1세트씩 나누어 줍니다.

니키는 케빈을 좋아하지만 직접 말하는 것이 두렵다. 그래서 친구를 통해 케빈에게 말해 달라고 부탁한다.	크리스티는 왜 수학 시험에서 점수를 낮게 받았는지 이해할 수 없다. 선생님에게 화가 났지만, 크게 말하는 대신 조용히 이 상황에 대해 이야기 나누고 싶다고 말씀드린다.
배리는 엄마가 외출금지를 시켜 화가 났다. 그래서 남은 하루 동안 엄마와는 말하지 않을 것이라고 다짐했다.	니콜과 앰버는 점심시간에 같이 앉아 있다. 저쪽에서 로라가 혼자 앉아 있는 것을 보고 앰버는 같이 앉자고 제안한다. !
조쉬는 샘과 축구 시합을 나갈 기분이 아니다. 하지만 못 간다고 어떻게 말해야 할지 모르겠다. 그래서 그냥 샘에게 아프다고 말하기로 한다. ?	리카도는 농구를 하러 나가지 못하고 집에만 있어야 해서 기분이 안 좋다. 그래서 자신의 방 문을 쾅 소리 나게 닫고 방에서 한 발짝도 나오지 않기로 한다.
폴은 형이 자신의 게임기를 허락도 없이 가져가서 짜증이 났다. 그래서 형이 가장 아끼는 티셔츠를 가져간 뒤 게임기를 돌려줄 때까지 어디에 뒀는지 말하지 않았다.	홀리는 친구와 약속을 했지만 그것을 어기고 말았다.
선생님은 샤논에게 연극 의상 준비하는 것을 도와 달라고 부탁한다. 하지만 샤논은 그러고 싶지 않아서 선생님에게 가족들과 어디 멀리 놀러 가기로 했다고 거짓말한다. ?	타라는 농구의 자유투 연습을 도와준 코치님에게 감사함을 표현했다.
	에밀리는 언니의 옷이 이상하다고 생각했지만 언니가 그 옷을 너무 좋아하기 때문에 아무 말도 하지 않았다.

직접 대면하기

엘렌은 마르시아에게 비밀을 말했다. 아무에게도 말하지 말라고 했지만 마르시아는 다른 친구에게 얘기했다.	카리사와 제시는 과학 시간에 같은 그룹이다. 제시는 실험에 필요한 절차를 잘 이해하지 못했다. 카리사는 참지 못하고 제시에게 이것도 못하는 바보가 있냐고 얘기한다.
니나는 엄마가 핸드폰 사용을 금지시켜서 화가 났다. 엄마에게 나쁜 말도 하고 소리를 질렀다. ?	패트릭은 나단과 같은 팀이 되는 것이 싫었다. 그래서 코치가 둘을 같은 팀으로 배정한다면 그만둘 것이라고 생각했다.
테렐은 다니엘을 좋아하지만 말 걸기를 부끄러워한다. 결국 용기를 내어 다니엘에게 전화로 대화해 보기로 한다.	페르난도는 마르타에게 오후에 만나서 놀자고 약속했다. 하지만 기분이 안 좋아져서, 여동생에게 만약 마르타가 찾아오면 집에 없다고 말해 달라고 한다.
펠레시아는 복도를 걸어가다가 여자아이들이 친구 브랜디에 대해 험담하는 것을 들었다. 펠레시아는 화가 나서 그들에게 그건 사실이 아니라고 이야기했다.	루크는 타이론에게 화가 나서 다른 친구들에게 그의 나쁜 점들을 말하기로 한다.
재나와 제시카는 최근에 자주 다퉜지만 화해하고 싶어 한다. 그래서 방과 후에 그들의 문제에 대해 이야기하자고 말한다. !	블레이크는 저스틴이 너무 마음에 안 들어서 기회가 있을 때마다 그에게 굴욕감을 준다.
	마리사는 수학 선생님이 재수 없다고 생각해서 전체 학생들 앞에서 대놓고 그렇다고 말했다.

친구들과 즐겁게

사회성 발달 **5**

발달의 관점

청소년기가 되면 가족과는 조금 멀어지면서 친구들은 매우 중요한 역할을 하기 때문에 성장 과정에서 친구는 매우 중요한 부분입니다. 친구는 힘을 돋우기도 하고 실망감을 주기도 하지만, 대부분의 청소년들은 친구들과 즐겁게 지내는 것이 가장 중요하다고 말합니다.

목표

▷ 친구들과 즐겁게 지내는 방법 알아보기

준비물

▷ 각 학생에게 제공할 종이와 연필
▷ 미술 재료(후속 활동용)

진행 절차

1. 학생들에게 종이와 연필을 꺼내서 친구들과 즐거운 시간을 보낼 생각을 할 때 가장 먼저 떠오르는 다섯 가지를 적어 보라고 합니다.
2. 학생들에게 4명씩 한 그룹을 만들라고 합니다. 친구들과 즐겁게 지낼 수 있는 방법을 간단히 나누어 보고, 아이디어를 종합적으로 보여 주는 상황극을 만들게 합니다.
3. 상황극을 발표할 시간을 줍니다.
4. 내용 질문과 개인 질문에 대해 토론합니다.

토론

내용 질문

1. 친구들과 즐겁게 시간을 보낼 때 무엇을 하는지 생각해 내는 것이 어려웠나요?

2. 자신의 아이디어를 다른 아이들의 것과 비교해 봤을 때 어땠나요?

3. 자신과 그룹에서 생각해 낸 것들이 즐거운 시간을 보내는 데 좋은 방법이라고 생각하나요? (안전하고, 건강한가요? 등)

개인 질문

1. 친구들과 어떤 일을 하는 것을 가장 좋아하나요?

2. 나이가 들면서 친구들과 즐겁게 하는 것들이 어떤 식으로 바뀌었나요? 이것에 대해 어떻게 생각하나요?

3. 친구들과 즐겁게 노는 방식이 앞으로 많이 변할 거라고 생각하나요? 그렇다면 어떻게 변할 것 같나요?

후속 활동

학생들에게 미술 재료를 사용하여 친구들과 즐겁게 지내는 것을 묘사하는 콜라주를 만들어 보게 합니다.

인지 발달 1

할 수 있는 목표

🧑 발달의 관점

초기 청소년기에 있는 아이들은 점점 자기관리 능력이 향상됩니다. 그들은 자신의 목표를 설정하고 자신의 행동 과정에 대해 계획을 세울 기회를 받아들입니다. 목표 설정은 삶의 중요한 기술이며, 경험은 개인의 책임감을 발달시키는 데 중요합니다.

🧑 목표

▷ '목표'라는 용어의 뜻 정의하기
▷ 단기, 중기, 장기 목표 구별하기
▷ 달성 가능한 단기 목표를 설정하고 성취하는 연습하기

🧑 준비물

▷ 칠판
▷ 각 학생을 위한 연필, 자, 종이

🧑 진행 절차

1. 학생들에게 '목표, 목적, 계획'이라는 단어를 정의하도록 하면서 수업을 시작합니다. 자신의 나이대에 가질 만한 목표가 무엇이 있을지 짧게 토론해 보게 한 뒤, 이를 칠판에 적습니다.

2. 학생들에게 자, 종이 한 장과 연필을 꺼내라고 합니다. 약 10cm 간격으로 종이에 3개의 가로선을 그리고, 첫 줄을 네 부분으로 나눈 다음 각 부분을 '오늘 아침' '오늘' '내일' '다음날'이라고 쓰게 합니다. 줄 위의 해당 부분에 각각 단기 목표를 적어 보게 합니다. 그다음 두 번째 줄을 네 부분으로 나누고, 각 부분에 '다음 주' '지금부터 2주 후' '이번 달' '다음 달'이라고 쓰게 합니다. 그리고 줄 위의 해당 부분에 각각 중기 목표를 적게 합니다. 마지막으로, 학생들에게 세 번째 줄을 네

부분으로 나누고 각 부분에 '지금부터 6개월' '지금부터 1년' '지금부터 2년' '지금부터 5년'이라고 쓰게 합니다. 그리고 줄 위의 해당 부분에 각각 장기 목표를 쓰게 합니다. 학생들이 나이가 들어감에 따라 그들의 목표가 장기화될 수 있다는 사실에 대해 이야기합니다. 예를 들어, 단기 목표는 일주일 동안의 목표일 수 있으며, 장기 목표는 앞으로 10년 동안의 목표일 수 있습니다.

3. 학생들을 단기 목표, 중기 목표 및 장기 목표를 나타내는 세 그룹으로 나눕니다. 각 그룹에게 서기를 지정하도록 합니다. 선 위에 표시된 기간을 바탕으로 각 그룹에서 작성된 목표 유형의 예시들을 브레인스토밍하도록 합니다. 각 그룹의 서기는 자신의 종이에서 해당 선 아래에 다른 사람들이 이야기한 목표를 작성해야 합니다. 몇 분 동안 브레인스토밍을 할 시간을 준 다음, 각 그룹에게 목표의 예시들을 간단히 상황극으로 만들어 전체 그룹에게 발표하도록 합니다.

4. 모든 그룹이 발표한 후, 그룹들이 보여 준 다양한 목표 유형에 대해 논의하고 단기, 중기 및 장기 목표 특성들을 비교합니다. 그런 다음, 어떻게 하면 목표를 달성할 수 있는지 토론합니다. 학생들의 아이디어를 이끌어 낸 후, 다음과 같이 괄호 안의 아이디어와 함께 칠판에 적습니다.

   ▶ 목표는 현실적이어야 한다(경주에서 달리기 vs. 미국 대륙을 횡단하는 경주에서 달리기).

   ▶ 목표는 구체적이어야 한다(달에 관한 50가지 사실 배우기 vs. 우주에 관해 배우기).

   ▶ 목표는 할 수 있는 단위로 쪼개져야 한다("우선 단원을 읽고, 그다음 문제를 풀고, 시험을 위해 암기한다.").

5. 학생들에게 그들의 개인적인 단기 목표를 생각하게 합니다. 4번에서 논의한 '기준'을 고려하여 각자 자신이 성취하고 싶은 목표를 적고 그룹 전체에 공유하게 합니다.

6. 내용 질문과 개인 질문에 대해 토론합니다.

토론

내용 질문

1. 이 수업에서 토론한 세 가지 유형의 목표는 각각 어떤 점이 다른가요?
2. 무엇이 목표를 달성하게 만드나요?
3. 목표를 설정하는 것이 중요하다고 생각하나요? 왜 그렇게 생각하나요?

개인 질문

1. 목표를 설정해 본 적이 있나요? (예시를 공유합니다.)

2. 목표를 설정하면, 대부분 달성하나요? 그렇지 않다면, 달성하지 못하도록 자신을 막는 것은 무엇인가요?

3. 자신을 위해 설정하고 싶은 개인적인 목표는 무엇인가요? (학생들에게 이 내용을 기록하고 작업하도록 합니다.)

후속 활동

학생들에게 부모 또는 본인보다 나이가 많은 형제자매를 대상으로 목표를 어떻게 설정하는지, 그리고 어떻게 달성했는지 인터뷰하게 합니다. 그 인터뷰 내용과 스스로 설정한 목표를 성공적으로 달성하는 것에 대해 전체 그룹에서 발표하게 합니다(개인 질문 3번 참조).

결정하기

인지
발달
2

🧑‍🏫 발달의 관점

초기 청소년기에 접어들면 결정을 하는 것에 점점 어려움을 겪습니다. 이 시기는 논리적으로 사고하는 능력이 여전히 발달하고 있기 때문에 의사결정 기술을 가르치는 것이 중요합니다.

👩‍🏫 목표

▷ 결정하는 과정 배우기

👷 준비물

▷ 각 학생에게 제공할 종이와 연필
▷ 각 학생에게 제공할 '결정하기–활동지'(활동지 17)

👩‍💼 진행 절차

1. 학생들에게 가장 어려운 결정을 했던 경험을 생각해 보고 그 결정에 대한 짧은 문장들을 종이에 적게 합니다. 그다음, 그들이 어떻게 결정을 내렸는지에 대해 생각하고 그 과정을 설명하도록 합니다. 파트너와 나누어 보도록 합니다.
2. '결정하기–활동지'(활동지 17)를 각 학생에게 나누어 주고 작성하게 합니다.
3. 학생들이 활동지를 다 작성한 뒤, 4명씩 한 그룹으로 나누어 활동지에 있는 체크리스트 부분에 대해 토론하게 합니다. 충분히 토론 시간을 가진 뒤, 각 그룹에서 2명씩 다른 그룹으로 이동하며, 그렇게 만들어진 새로운 그룹은 주관식 질문의 답변들에 대해 토론하게 합니다.
4. 내용 질문과 개인 질문에 대해 토론합니다.

🧑‍💼 토론

내용 질문

1. 체크리스트에 적은 것들을 봅니다. 대부분 '그렇다' '아니다' 혹은 '약간 그렇다' 라고 답하였나요? 자신의 답변이 결정 과정에 대해 무엇을 의미하고 있나요?

2. 주관식 질문 중 답하기 가장 쉬웠던 질문은 무엇인가요? 가장 어려웠던 것은 무엇인가요? 답변을 보고 자신에 대해 무엇을 알게 되었나요?

개인 질문

1. 결정을 내리는 데 가장 어려운 점 또는 쉬운 점은 무엇인가요?

2. 결정을 내릴 때 위험을 고려하나요? 이익을 고려하나요? 결과를 고려하나요? 그렇지 않을 때 결과가 어떻게 되나요?

3. 자기 자신 혹은 남들이 결정을 내릴 때 조언해 주고 싶은 부분이 무엇인가요?

🧑‍💻 후속 활동

학생들에게 활동지에 제시된 주제들을 가지고 소그룹으로 상황극을 만들어 보게 합니다. 각 그룹이 전체 학생들에게 상황극을 발표할 시간을 줍니다.

결정하기

이름: _____   날짜: _____

지시사항: 힘든 결정을 내렸던 경험을 생각해 보고, 다음에 제시된 질문에 답해 봅니다.

내가 내리기 힘들었던 결정은 _____

_____

_____

_____

이 결정을 내리기 전에 나는(가장 알맞은 것에 동그라미 쳐 봅니다) :

친구들과 의논했다.	그렇다	아니다	약간 그렇다
부모님과 의논했다.	그렇다	아니다	약간 그렇다
선생님 또는 상담사와 의논했다.	그렇다	아니다	약간 그렇다
위험을 고려했다.	그렇다	아니다	약간 그렇다
이익을 고려했다.	그렇다	아니다	약간 그렇다
결과를 고려했다.	그렇다	아니다	약간 그렇다
걱정했다.	그렇다	아니다	약간 그렇다
내가 내린 결정에 대해 기분이 좋았다.	그렇다	아니다	약간 그렇다
다음에도 같은 결정을 할 것 같다.	그렇다	아니다	약간 그렇다

결정하기

결정을 내릴 때 가장 중요하게 생각하는 것은 _____

_____

_____

_____

가장 내리기 어려운/어려울 것 같은 결정은 _____

_____

_____

_____

가장 내리기 쉬운/쉬울 것 같은 결정은 _____

_____

_____

_____

결정을 내릴 때 가장 어려운 점은 _____

_____

_____

_____

또래 친구가 결정을 내릴 때 조언해 주고 싶은 것은 _____

_____

_____

_____

생각하고 행동한다

📋 발달의 관점

청소년들은 논리적으로 생각하기 시작하지만, 그들이 생각하는 것과 행동하는 것의 관련성을 이해하여 더 나은 선택을 할 수 있도록 돕는 것이 중요합니다.

📋 목표

▷ 생각과 행동의 연관성 알기
▷ 논쟁이나 도전적인 생각의 개념 소개하기

📋 준비물

▷ 각 학생에게 제공할 '생각하고 행동한다—활동지'(활동지 18)와 연필
▷ 어떤 활동을 하고 있는 사람들의 모습이 담긴 4~5장의 잡지 사진(예: 차를 운전하는 사진, 술을 마시는 사진, 무언가를 만들고 있는 사진, 낚시나 수영, 래프팅 등 야외 스포츠 활동을 하는 사진 등)

📋 진행 절차

1. 준비한 잡지 사진들을 학생들에게 보여 주면서 수업을 시작합니다. 학생들이 사진을 본 후에, 생각은 행동에 영향을 미친다는 것을 알려 줍니다. 예를 들어, 어떤 사람이 차를 운전할 때 무모하게 속도를 내면서 운전하는 것이 멋있다고 생각한다면, 그 생각은 그 사람이 운전석에서 하는 일에 영향을 줄 것입니다. 사진에 표시된 다른 예를 사용하여 행동에 영향을 줄 수 있는 다양한 생각들을 이끌어 냅니다(예: 무언가를 건축하는 사람이 모든 못은 완벽하게 박혀야 한다고 생각하면, 작업하는 데에 시간이 오래 걸리고 완벽할 때까지 반복해서 일할 수 있습니다).

2. 생각과 행동 사이의 연관성에 대해 토론한 후, 다음의 예를 들면서 때때로 좋은 행동에 도달하기 위해서는 자신의 생각에 도전해야 한다고 설명합니다.

숙제가 지루하거나 너무 힘들다고 생각할 수 있습니다. 그러면 스스로에게 물어봅니다. '단순히 지루하기 때문에 내가 이것을 못하는 것일까? 내가 숙제를 하지 않는 것이 올바른 것일까? 아니면 조금 지루하더라도 참고 해서 좀 더 나은 결과를 얻는 것이 바람직할까?'

3. 각 학생들에게 '생각하고 행동한다—활동지'(활동지 18)를 나누어 주고 완성하게 합니다. 그리고 나서 다른 사람 두 명과 함께 생각을 나누도록 합니다.
4. 내용 질문과 개인 질문에 대해 토론합니다.

🧑‍🏫 토론

내용 질문

1. 이 활동을 하기 전에, 자신의 생각이 행동에 어느 정도 영향을 준다는 것을 알고 있었나요?
2. 활동지의 예시에서 행동과 관련된 생각들을 찾는 것이 얼마나 어려웠나요? 특별히 더 어려운 것이 있었나요? (공유해 봅니다.)
3. 살펴봤던 예시에서 자신의 생각이 행동에 어떻게 영향을 미쳤나요?

개인 질문

1. 생각을 신중하게 검토했기 때문에 하려고 했던 일에 대해 마음이 바뀌었던 적이 있었나요? (공유해 봅니다.)
2. 생각에 대해 더욱 깊이 생각하고 행동에 어떤 영향을 미치는지 인식한다면, 더 나은 혹은 더 나쁜 결정을 내릴 거라고 생각하나요?

🧑‍🏫 후속 활동

학생들에게 일주일 동안 자신이 취한 세 가지 행동을 찾아보라고 합니다. 그리고 그 행동들에 영향을 준 구체적인 생각들을 나열하게 합니다. 그런 다음, 반대의 행동에 대해 생각하게 하고 그 반대 행동에 영향을 줄 수 있는 생각을 찾아보게 합니다.

생각하고 행동한다

이름: _____   날짜: _____

지시사항: 예시 1과 2를 읽어 본 뒤, 같은 방법으로 예시 3과 4를 완성합니다. 각 행동에 대해 그 행동과 관련되어 있는 생각을 적어도 3개 이상 찾아봅니다. 예시 5와 6에서는 자신의 행동 상황을 떠올리고 그 생각들을 찾아봅니다.

〈예시 1〉

행동: 숙제를 하지 않음

행동에 영향을 줄 수 있는 생각들:

  −너무 어려워서 이해할 수 없어.

  −너무 지루해.

  −다른 중요한 할 일이 있어.

  −이걸 하는 데 시간을 낭비할 필요가 없어.

  −어떤 점수를 받든 별로 상관하지 않아.

행동: 숙제를 함

행동에 영향을 줄 수 있는 생각들:

  −어렵지만, 풀어 봐야겠어.

  −지루하지만 내 인생에서 이런 지루한 일은 항상 있을 거야.

  −다른 해야 할 일이 많지만 이거 끝내고 해도 될 거야.

  −좋은 점수를 받고 싶어.

〈예시 2〉

행동: 집에 제시간에 가지 않음

행동에 영향을 줄 수 있는 생각들:

  −부모님이 들어오라고 해서 꼭 그때 들어가야 한다는 법은 없어.

  −나의 결정은 내가 할 자격이 있어.

생각하고 행동한다

13세

　　－일찍 들어가고 싶지 않아.

　　－친구들이 다 집에 가기 전에 내가 먼저 집에 가는 건 싫어.

행동: 집에 제시간에 감

행동에 영향을 줄 수 있는 생각들:

　　－집에 일찍 가기 싫지만 안 그러면 외출금지를 당할 거야.

　　－너무 싫지만 난 참을 수 있어.

　　－내가 일찍 가야 하는 것처럼 다른 친구들도 일찍 가야 할 거야.

〈예시 3〉

행동: 집안일을 하지 않음

행동에 영향을 줄 수 있는 생각들: ＿＿＿＿＿＿＿＿＿＿＿＿＿＿＿＿

＿＿＿＿＿＿＿＿＿＿＿＿＿＿＿＿＿＿＿＿＿＿＿＿＿＿＿＿＿＿＿＿＿

행동: 집안일을 함

행동에 영향을 줄 수 있는 생각들: ＿＿＿＿＿＿＿＿＿＿＿＿＿＿＿＿

＿＿＿＿＿＿＿＿＿＿＿＿＿＿＿＿＿＿＿＿＿＿＿＿＿＿＿＿＿＿＿＿＿

〈예시 4〉

행동: 부모님에게 거짓말을 함

행동에 영향을 줄 수 있는 생각들: ＿＿＿＿＿＿＿＿＿＿＿＿＿＿＿＿

＿＿＿＿＿＿＿＿＿＿＿＿＿＿＿＿＿＿＿＿＿＿＿＿＿＿＿＿＿＿＿＿＿

행동: 부모님에게 솔직히 말함

행동에 영향을 줄 수 있는 생각들: ＿＿＿＿＿＿＿＿＿＿＿＿＿＿＿＿

활동지 18

＿＿＿＿＿＿＿＿＿＿＿＿＿＿＿＿＿＿＿＿＿＿＿＿＿＿＿＿＿＿＿＿＿

생각하고 행동한다

〈예시 5〉 (자신의 예를 써 보세요)

행동: _____

행동에 영향을 줄 수 있는 생각들: _____

_____

행동: _____

행동에 영향을 줄 수 있는 생각들: _____

_____

〈예시 6〉 (자신의 예를 써 보세요)

행동: _____

행동에 영향을 줄 수 있는 생각들: _____

_____

행동: _____

행동에 영향을 줄 수 있는 생각들: _____

_____

인지발달 4 결과들을 고려하기

13세

👨‍🏫 발달의 관점

많은 청소년들은 형식적 · 조작적 사고 능력을 개발하는 초기 단계에 이제 막 접어 들었기 때문에, 대부분의 선택과 관련하여 다양한 결과를 예측하는 능력이 아직 부족합니다. 이 시기에는 바람직하지 않은 결과를 초래할 수 있는 활동에 참여하는 데 또래의 영향을 크게 받습니다. 따라서 선택에 따르는 결과를 식별하고 평가하도록 돕는 것이 중요합니다.

👩‍🏫 목표

▷ 전형적인 선택에 대한 결과 알아보기
▷ 단기 결과와 장기 결과의 차이점 알아보기

👷 준비물

▷ 다음의 상황이 쓰여 있는 6개의 단어 카드(각 카드마다 하나씩)
  − 시험에서 부정행위하기
  − 부모님께 거짓말하기
  − 집에 늦게 들어오기
  − 담배를 피우거나 술을 마시기
  − 시험공부를 하지 않기
  − 누군가 근거 없이 한 말을 믿기
▷ 4명으로 구성된 그룹에게 하나씩 제공할 종이와 연필

👩‍💼 진행 절차

1. 학생들에게 '결과'(행동의 결과)라는 단어의 뜻을 말하게 하면서 수업을 시작합니다. 결과는 단기 또는 장기일 수 있음을 강조하며, 다음의 예시를 통해 설명합니다.

97

에릭은 축구 연습 후 탈의실에 새 외투를 두고 가는 바람에 집으로 가는 길이 추웠습니다(단기 결과). 다음 날 학교에 갔을 때 분실물 보관함으로 갔지만 외투는 없었습니다. 어머니는 에릭이 그것을 찾지 못하면 생일선물 비용(게임기를 사려고 했던 돈)으로 새로운 외투를 사야 한다고 말했습니다(장기 결과).

2. 학생들을 4명씩 한 그룹으로 나누고, 기록하는 사람을 지정합니다. 상황 카드를 각 그룹에 나누어 주고 해당 상황에 대해 토론하게 합니다. 카드에 적힌 행동을 했을 때 초래되는 결과를 논의하며, 기록하는 사람이 각 행동의 단기, 장기 결과를 종이에 적게 합니다.

3. 토론 후에 해당 상황과 결과를 보여 주는 짧은 상황극을 만들게 합니다.

4. 각 그룹이 상황극을 하고, 다른 그룹이 그에 대한 상황과 결과를 설명할 수 있도록 충분한 시간을 줍니다.

5. 내용 질문과 개인 질문에 대해 토론합니다.

🧑‍🏫 토론

내용 질문

1. 주제에 대한 결과들을 예측하는 것이 쉬웠나요? 그 이유는 무엇인가요?

2. 단기 결과와 장기 결과를 모두 생각해 내는 것이 가능했나요? 모든 결정에는 그러한 두 가지 종류의 결과가 있다고 생각하나요?

개인 질문

1. 결정을 내릴 때, 항상 결과를 생각하나요?

2. 결정을 내릴 때, 단기 결과를 생각하는 것이 쉽나요, 장기 결과를 생각하는 것이 쉽나요? 두 결과 모두 신중히 생각하는 것이 중요하다고 생각하나요? 왜 그런가요?

3. 이 활동을 통해 배운 것 중 자신의 생활에 적용할 수 있는 것이 무엇인가요?

🧑‍💻 후속 활동

학생들에게 3일 동안 했던 결정들과 그것에 따른 단기, 장기 결과들을 기록하게 합니다. 전체 학생들에게 공유할 수 있도록 시간을 줍니다.

어떤 영향을 미칠까?

발달의 관점

초기 청소년들은 논리적으로 생각하거나 자신의 삶에 논리적 추론을 적용하는 것이 일관적이지 않습니다. 따라서 결정과 행동이 어떤 영향을 미치는지 평가할 수 있는 능력을 개발하도록 도와주어야 합니다.

목표

▷ 자신 또는 타인에게 미칠 행동의 영향 알아보기

준비물

▷ 칠판

▷ 작은 돌이나 조약돌, 물이 채워져 있는 투명한 유리 그릇

▷ 각 학생에게 제공할 '어떤 영향을 미칠까?−활동지'(활동지 19)와 연필

▷ 미술 재료(후속 활동용)

진행 절차

1. 모든 학생들(또는 그룹의 규모에 따라 일부 몇 명)이 볼 수 있도록 물 그릇 주위에 모이게 합니다. 학생들에게 조약돌을 물에 떨어뜨릴 때 어떤 일이 일어나는지 자세히 관찰하도록 합니다. 조약돌이 물에 부딪힌 후에 원은 계속 확장된다는 잔물결 효과의 개념에 대해 토론합니다.

2. 칠판에 동심원 3개를 그립니다. 각 학생에게 자신이 한 결정이나 선택에 대한 예를 생각해 보라고 하고, 몇 사람에게 그들의 예를 말해 달라고 합니다. 예시 중 하나를 선택하여 가장 작은 원 안에 씁니다. 이 예에 중점을 두고 학생들에게 이 결정이 자신에게 미칠 수 있는 영향에 대해 생각해 보라고 합니다. 그리고 이 내용을 두 번째 동심원에 씁니다. 그런 다음, 학생들에게 다른 사람 또는 다른 그룹에 미칠 수 있는 영향을 생각하게 합니다. 그리고 그 내용을 세 번째 동심원

에 씁니다. 환경, 종교 등과 같이 추가로 표현될 수 있는 다른 동심원에 대해 토론합니다. 물에 떨어진 조약돌의 파급효과는 결정의 영향과 유사하다고 이야기합니다.

3. 각 학생에게 '어떤 영향을 미칠까?-활동지'(활동지 19)를 나누어 주고 작성하게 합니다.

4. 활동지를 모두 작성한 후, 3명씩 그룹 지어 자신이 적은 내용을 나누게 합니다.

5. 내용 질문과 개인 질문에 대해 토론합니다.

🗣️ 토론

내용 질문

1. 모든 그룹원들이 해당 결정에 대해 같은 영향을 생각했나요? (차이점과 공통점을 나누어 봅니다.)

2. 이러한 결정의 영향에 대해 어떻게 생각했나요? 자신에게 미치는 영향을 생각하기가 더 어려웠나요? 아니면 다른 사람에게 미치는 영향을 생각하기가 더 어려웠나요?

3. 자신이나 다른 사람 이외의 다른 것에 영향을 줄 수 있는 예가 있나요? (예: 형이 담배를 피우면 건강에 영향을 줄 수 있습니다.)

개인 질문

1. 결정을 내릴 때, 보통 그 영향에 대해 신중하게 생각하나요?

2. 결정을 내릴 때, 영향을 생각하는 것이 중요하다고 생각하나요? 왜 그런가요?

3. 영향을 고려하지 않고 결정을 내렸을 때를 떠올려 봅시다. 결과가 긍정적이었나요, 부정적이었나요?

4. 이 수업을 통해 배운 것 중에 앞으로의 삶에 적용할 점이 무엇이 있나요?

🎬 후속 활동

학생들에게 미술 재료를 활용하여 자신이나 타인에게 미칠 영향을 신중하게 생각하지 않은 채 결정을 내렸을 때 발생할 상황에 대한 포스터를 다 함께 만들어 보도록 합니다.

어떤 영향을 미칠까?

이름: _____   날짜: _____

지시사항: 다음의 딜레마 상황을 읽고, 결정을 내렸을 때 발생할 수 있는 영향을 생각해 봅니다.

1. 친구와 함께 쇼핑몰에 갔습니다. 너무나도 원했던 잡지를 보았지만 그것을 살 돈이 없습니다. 옷 속에 그 잡지를 숨겨서 쇼핑몰을 나옵니다.

   자신에게 미칠 영향: _____

   타인에게 미칠 영향: _____

2. 이웃의 아이를 잠깐 봐주고 있습니다. 아이는 잠들었습니다. 지루해져서 집 내부를 둘러보기 시작합니다. 전화기 옆에 돈이 보이는데 그중 일부를 가져오기로 합니다.

   자신에게 미칠 영향: _____

   타인에게 미칠 영향: _____

3. 내일 과학 시험이 있는데 친구가 영화를 보러 가자고 합니다. 아버지는 내일 시험이 있는 것을 모르고 영화 보러 가는 것을 허락하십니다.

   자신에게 미칠 영향: _____

   타인에게 미칠 영향: _____

4. 반에서 어떤 친구를 미워합니다. 그 친구가 잘난 척하는 게 기분 나쁩니다. 그래서 다른 친구와 함께 그 친구 집에 계란을 던지기로 합니다.

   자신에게 미칠 영향: _____

   타인에게 미칠 영향: _____

어떤 영향을 미칠까?

5. 친구에게 밤에 같이 놀자고 집으로 초대했습니다. 집 마당에서 텐트를 치고 캠핑을 하기로 했습니다. 야심한 밤이 되자, 친구가 밖을 돌아다니자고 합니다. 모든 상점들이 문을 닫은 시간이라 망설였지만 그러기로 합니다.

   자신에게 미칠 영향: _____

   타인에게 미칠 영향: _____

6. 부모님이 하루 종일 집을 비우시면서, 돌아오기 전까지 내가 해야 할 몇 가지 일을 주셨습니다. 별로 하고 싶지 않아서 하루 종일 게임기를 가지고 놀았습니다. 부모님이 집에 오셨을 때, 해야 할 일 중에 첫 번째로 할 일만 끝냈습니다.

   자신에게 미칠 영향: _____

   타인에게 미칠 영향: _____

7. 자전거를 타고 학교에서 집으로 가고 있는데 어떤 친구가 나를 놀립니다. 화가 나서 그 친구와 싸웁니다.

   자신에게 미칠 영향: _____

   타인에게 미칠 영향: _____

8. 형이 담배를 피운다고 친구에게 이야기하는 걸 듣게 되었습니다. 어떻게 해야 할지 고민하다가 결국 부모님께 이야기합니다.

   자신에게 미칠 영향: _____

   타인에게 미칠 영향: _____

9. 큰 프로젝트 마감 기한이 이틀 남았는데 아버지에게 전화가 와서 동생과 함께 볼링을 치자고 합니다. 아버지께 집에서 프로젝트를 해야 해서 갈 수 없다고 이야기합니다.

   자신에게 미칠 영향: _____

   타인에게 미칠 영향: _____

REBT 기반 인성교육 프로그램

자기 발달
〈활동〉
1. 나의 행동이 내가 어떤 사람인지 규정하지 않아
2. 거울 속에서
3. 정체성 위기
4. 판박이
5. 날씬해지고 싶어

정서 발달
〈활동〉
1. 이 감정들은 어디에서 올까?
2. 분노 폭발
3. 너무 강렬한
4. 창피함
5. 가장 좋아하는 감정들

사회성 발달
〈활동〉
1. 나는 이렇게 말하고, 그들은 저렇게 말하고
2. 소속감
3. 사이좋게 지내기
4. 또래 아이들의 영향
5. 부모님과 나

인지 발달
〈활동〉
1. 많은 선택권
2. 합리적인 사고방식
3. 다양한 관점에서 보기
4. 결과적으로
5. 결과를 예상하기

자기발달 1

나의 행동이 내가 어떤 사람인지 규정하지 않아

발달의 관점

이 연령대를 특징짓는 이분법적인 생각 때문에 청소년들은 자신의 가치를 성과와 동일시하는 경향이 있습니다. 만약 그들이 평상시에 특정한 영역을 제대로 수행하지 못한다면, 그들은 자신의 성과에 따라 '내가 누구인지'가 결정되지 않는다는 것을 깨닫지 못할 수 있습니다. 청소년들이 이 시기에 자기수용 능력을 발달시키지 않으면, 나이가 들수록 부정적인 영향을 계속 받을 것입니다.

목표

▷ 자신의 가치가 자신의 성과와 동일하지 않다는 것 배우기

준비물

▷ 칠판
▷ 다음의 문장이 적혀 있는 10개의 큰 단어 카드(13×20cm)
    –과학 시험을 못 봤다.
    –야구를 하는데 삼진아웃되었다.
    –집에 늦은 시간에 들어왔다.
    –방 청소를 해야 했지만 엉망인 채로 놔뒀다.
    –점심 도시락 챙기는 것을 깜빡 잊었다.
    –다른 친구의 답안을 베꼈다.
    –학교에 지각했다.
    –남동생에게 버릇없다고 얘기했다.
    –맞춤법을 하나 틀렸다.
    –잊지 않고 부모님께 친구의 집에 있다는 것을 전화로 알렸다.
▷ 각 학생을 위한 종이와 연필
▷ 마스킹 테이프

1. 10명의 지원자를 뽑으면서 수업을 시작합니다. 지원자들에게 교실 앞에 나와 서게 합니다. 나머지 학생들은 종이에 1부터 10까지의 번호를 세로 방향으로 적은 후 (숫자와 숫자 사이에는 두 줄 정도의 공간을 남기고) 각 숫자 옆에 10명의 지원자 이름을 씁니다. 다음으로, 학생들에게 각각의 지원자들에 대하여 아는 점 두 가지를 쓰라고 합니다.

2. 각 지원자에게 문장이 적혀 있는 단어 카드 중 하나를 제공합니다. 그들의 옷에 그 카드를 붙이고 계속 교실 앞에 서 있게 합니다. 도우미 1명을 선정하여 교실 앞으로 나오게 해서 첫 번째 지원자 카드의 문구를 소리 내어 읽어 달라고 부탁합니다. 그런 다음, 나머지 학생들에게 그 지원자가 정말로 그러한지 생각하고 (카드의 문구에 따라) 지원자 이름 옆에 지원자의 행동과 성과를 추측하여 5점 만점의 점수를 매기게 합니다(큰 숫자일수록 좋은 점수). 도우미는 계속해서 두 번째 지원자의 카드를 읽고 다른 학생들이 점수를 매기도록 합니다. 10장의 카드를 모두 읽고 평가할 때까지 계속합니다.

3. 몇몇 학생들에게 처음 3명의 지원자에 대해 실제로 알고 있는 것과 지원자의 카드 내용에 따라 점수를 어떻게 부여했는지 이야기해 보라고 합니다. 이야기한 후에는 칠판에 각 지원자에 대한 점수를 기록합니다. 다음 3명의 지원자와 나머지 4명의 지원자도 동일한 절차를 진행합니다.

4. 내용 질문과 개인 질문에 대해 토론합니다.

🧑‍⚖️ **토론**

내용 질문

1. 해당 지원자에 대해 알고 있었던 점과 비교하여, 그 가상 행동에 대해 자신이 준 점수가 어떠한지 살펴봅니다. 만약 점수를 낮게 주었다면, 그것 때문에 그 지원자에 대한 생각이 바뀌었나요? 낮은 점수가 그 지원자를 나쁜 사람으로 만드나요?

2. 대부분의 사람들이 그다지 좋지 않다고 생각하는 일을 이 지원자들이 했다고 가정해 봅시다. 이로 인해 그는 나쁜 사람이라고 할 수 있을까요, 아니면 항상 좋지 않은 일을 하는 사람이라고 할 수 있나요?

개인 질문

1. 자신의 행동이 스스로를 좋은 사람 또는 나쁜 사람으로 만든다는 생각을 해 본 적이 있나요?

2. 만약 실수를 하거나 어떤 나쁜 행동을 했을 때, 자신을 나쁜 사람이라고 생각하나요?

3. 만약 나쁜 행동을 했을 때, 행동을 바꾸어야 한다고 생각하나요? 더 좋은 행동을 하면 더 좋은 사람이 되나요? 혹은 어느 쪽을 택하든 자신은 좋은 사람인가요? (학생들은 무조건 좋은 사람이지만, 나쁜 행동 대신 좋은 행동을 하면 다른 사람들과 어울리기가 더 쉽고 그 사람의 성과에 대해 더 좋게 느끼기 쉽다는 생각을 강화합니다.)

4. 나쁜 행동에 대한 부정적인 결과를 경험한 적이 있나요? 있다면, 그 결과가 행동을 바꾸는 데 도움이 되었나요?

후속 활동

학생들에게 자신이 바꾸고 싶은 행동 2~3개와 그것을 어떻게 바꿀지에 대해 적어 보게 합니다. 그리고 나서 "나는 이 행동들을 바꾸고 싶지만 그것과 관계없이 나는 좋은 사람이다."라고 쓰게 합니다.

자기
발달
2

거울 속에서

👷 발달의 관점

자의식은 이 발달 기간을 가장 잘 나타내는 특징입니다. 청소년들은 모든 사람이 자신을 보고 있다고 생각하며 외모에 지나치게 민감해합니다.

👩‍💼 목표

▷ 초기 청소년기의 자의식 감정 정상화하기
▷ 자의식 감정을 다루는 방법 찾기

👷 준비물

▷ 거울
▷ 각 학생에게 제공할 '거울 속에서-체크리스트'(활동지 1)와 연필

👩‍🏫 진행 절차

1. 거울을 들고, 하루에 최소 10~15분씩 거울을 보는 학생들이 있으면 손을 들어 보라고 합니다. 이러한 행동은 이 시기에 매우 정상적인 것이라고 설명합니다. 청소년기에 보이는 '상상 속 청중'의 개념과 모든 사람이 자신을 보고 있다는 생각으로 인해 외모에 대해 매우 민감해진다는 점을 이야기합니다. 이는 정상적인 과정이지만 모든 사람이 자신을 보고 있다는 생각 때문에 가끔 문제가 발생할 수도 있다는 것을 학생들에게 알려 줍니다. 그럴 경우에는 불안감을 느끼거나, 자의식이 과잉되어 어떠한 활동에 참여하거나 교실에서 말을 하는 등의 사교적인 활동을 잘하지 못할 수도 있다고 말합니다.

2. 각 학생에게 '거울 속에서-체크리스트'(활동지 1)를 나누어 줍니다. 체크리스트를 완성하게 한 뒤 그들이 편하다고 생각하는 친구와 함께 이야기를 나누어 보게 합니다(또한 이야기하지 않아도 된다고 말해 줍니다).

3. 자의식을 다루는 방법으로 '자기대화'의 개념을 소개합니다. 자기대화는 상황을

보다 현실적으로 볼 수 있도록 자신에게 질문하는 것입니다. 예를 들어, "모든 사람이 나를 보고 있는 것처럼 느껴지는데 실제로 다 나를 보고 있을까? 여드름이 너무 많아서 사람들이 나를 보고 있다고 생각하더라도 그것에 대해 부끄러워할 필요가 있나? 다른 친구들도 여드름이 많은데, 나만 이상하다고 생각할 필요는 없잖아."라고 말하는 것입니다. 학생들이 자기대화를 함으로써 당혹감이나 불편함을 줄일 수 있다는 것을 알려 줍니다.

4. 학생들에게 체크리스트 뒷면에 자의식 감정들을 다룰 수 있는 자기대화를 2~3개 정도 적어 보게 합니다.

5. 내용 질문과 개인 질문에 대해 토론합니다.

🧑‍🏫 토론

내용 질문

1. 체크리스트에 '자주 그렇다'라고 응답했던 문항의 수가 생각보다 많아서, 혹은 적어서 놀랐나요?

2. 체크리스트에 없지만 추가하고 싶은 문항이 있나요? (예시를 공유합니다.)

3. 모든 사람들이 자신을 보고 있는 것 같다고 느낄 때, 실제로 그런가요? 그렇지 않다면, 그것이 자신의 감정에 어떻게 영향을 줄 것 같나요?

개인 질문

1. 만약 자신이 자의식을 많이 하는 편인 것 같다면, 이 감정들을 어떻게 다루나요?

2. 자의식의 강도를 낮추기 위해 무엇을 할 수 있다고 생각하나요?

3. 자기대화가 자의식 감정을 다루는 데 도움이 될 것 같나요? (학생들이 자기대화를 공유하는 데 별 문제가 없다면 공유하도록 합니다.)

🧑‍💼 후속 활동

학생들에게 자신이 어떻게 변화하고 있는지, 그리고 그것을 어떻게 느끼는지에 대해 '과거에는 그랬지만 이제는 그렇지 않아'라는 제목으로 이야기를 쓰게 합니다.

거울 속에서

이름: _____   날짜: _____

지시사항: 각 문항을 읽고 자신에게 해당되는 항목에 체크해 봅니다.

〈나는 이것이 걱정된다〉	전혀 그렇지 않다	때때로 그렇다	자주 그렇다
여드름	☐	☐	☐
머리스타일	☐	☐	☐
옷	☐	☐	☐
키	☐	☐	☐
너무 뚱뚱해 보이는 것	☐	☐	☐
너무 말라 보이는 것	☐	☐	☐
못생겼다고 느끼는 것	☐	☐	☐
메이크업	☐	☐	☐
서툴고 어색한 것	☐	☐	☐
바보 같은 말을 하는 것	☐	☐	☐
무능력한 것	☐	☐	☐
체형	☐	☐	☐
코	☐	☐	☐
눈	☐	☐	☐

자기 발달 3

정체성 위기

🧑‍🏫 발달의 관점

청소년을 위한 주요 발달 과제는 자기인식입니다. 그들은 이 시기에 자율성을 추구하기 시작하지만 그로 인해 두려워하기도 합니다. 또한 미숙하고 취약하며 자신이 어떤 사람인지 잘 파악하지 못합니다. 그래서 가만히 시간을 보내거나 전화통화하기, 음악 듣기 등 다양한 방법으로 자신에 대해 더 명확하게 이해하기 시작합니다.

👩‍🏫 목표

▷ 자기인식 과정에 대해 좀 더 이해하고, 이것이 어떻게 자신에게 적용되는지 배우기

👷 준비물

▷ 4명으로 구성된 각 그룹에게 제공할 '정체성 위기-게임판'(활동지 2)과 '정체성 위기-게임 카드'(활동지 3)가 담긴 봉투
▷ 각 학생에게 제공할 게임 토큰(예: 색깔 클립, 병뚜껑, 게임마커 등)

👩‍🏫 진행 절차

1. 학생들을 4명씩 한 그룹으로 나누고 '정체성 위기-게임판'(활동지 2)과 게임 카드'(활동지 3), 그리고 게임 토큰을 나누어 줍니다.
2. 모든 학생들에게 게임 토큰을 시작 지점에 놓게 합니다. 순서대로 게임 카드를 뽑고 문장을 완성한 뒤, 카드에 지정된 숫자만큼 토큰을 이동시킨다고 설명합니다. 모든 학생들이 게임판의 마지막 지점에 도달하면 게임이 끝납니다. 학생들이 너무 개인적인 질문에 답을 하고 싶지 않으면 그냥 통과할 수 있다는 점을 강조합니다.
3. 내용 질문과 개인 질문에 대해 토론합니다.

토론

내용 질문

　　1. 어떤 문장을 완성하는 것이 가장 쉬웠나요?

　　2. 어떤 것이 가장 어려웠나요?

개인 질문

　　1. 문장을 완성하면서 자기 자신에 대해 깨달은 점이 있나요? (공유해 봅니다.)

　　2. 자신의 정체성을 찾는 중이라고 생각하나요? 만약 그렇다면, 이 과정은 어떠한
　　　가요?

　　3. 자신의 정체성이 최근 몇 년 동안 바뀌었다고 생각하나요? 내년 혹은 2년 뒤에도
　　　바뀔 것 같나요? 왜 그럴 거라고 또는 그렇지 않을 거라고 생각하나요?

　　4. 만약 정체성이 바뀌고 있다고 생각한다면, 이것에 대해 어떻게 느끼나요?

후속 활동

　　학생들에게 자기 자신을 어떻게 보고 있는지를 표현해 주는 노래를 찾아서 공유하
게 합니다.

정체성 위기

14세

지시사항: 게임 토큰을 시작 지점에 놓고 자신의 차례가 되면 게임 카드를 뽑아 문장을 완성한 뒤, 해당 카드의 표시된 숫자만큼 토큰을 이동시켜 보세요.

시작

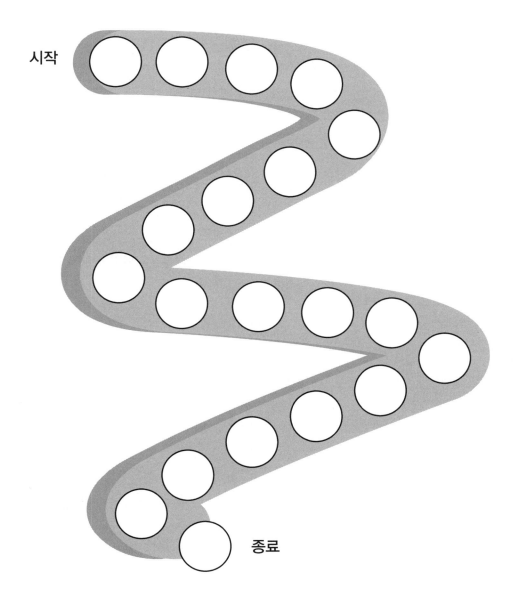

종료

정체성 위기

지도자 유의사항: 카드를 각각 잘라서 봉투 안에 넣은 뒤, 한 그룹당 한 세트씩 나누어 줍니다.

내가 가장 좋아하는 음악 장르는 ――――――――――― (3)	나는 방에 있을 때 ~에 대한 생각을 한다. ――――――――――― (2)
내가 별로 좋아하지 않는 음악 장르는 ――――――――――― (2)	예전엔 좋아했지만 지금은 좋아하지 않는 것은 ――――――――――― (1)
내가 가장 좋아하는 옷 스타일은 ――――――――――― (1)	떠올렸을 때 무서운 것은 ――――――――――― (1)
내가 별로 좋아하지 않는 옷 스타일은 ――――――――――― (1)	흡연에 대한 나의 생각은 ――――――――――― (2)
나는 여가 시간에 ~하는 것을 좋아한다. ――――――――――― (2)	음주에 대한 나의 생각은 ――――――――――― (1)

정체성 위기

14세

마약에 대한 나의 생각은 _____ (1)	학생으로서 나 자신을 이렇게 생각한다. _____ (1)
이 나이가 되어서 가장 좋은 점은 _____ (3)	나를 표현하는 세 가지 단어는 _____ (3)
나의 특징 중 가장 좋은 점은 _____ (3)	슬프거나 우울할 때, 나는 ~을 한다. _____ (2)
나의 특징 중 가장 안 좋은 점은 _____ (1)	이 나이가 되어서 가장 안 좋은 점은 _____ (2)
나에 대해 바꾸고 싶은 점은 _____ (2)	나와 부모님의 관계는 _____ (1)

활동지 3

정체성 위기

십 대가 되어서 가장 혼란스러운 점은 —————————————— (2)	학교에서 가장 안 좋은 점은 —————————————— (1)
내 가장 친한 친구는 나에 대해 이렇게 말할 것 같다. —————————————— (2)	내 외모 중 맘에 드는 점은 —————————————— (2)
나중에 커서 되고 싶은 것은 —————————————— (2)	나의 가장 큰 꿈은 —————————————— (1)
학교에서 가장 좋은 점은 —————————————— (1)	나는 이 부분이 더 ~해지고 싶다. —————————————— (2)
부모님이 나를 표현할 것 같은 두 가지 단어는 —————————————— (1)	십 대는 힘들다. 왜냐하면 —————————————— (3)

자기
발달
4

판박이

 발달의 관점

청소년들은 다른 사람의 의견에 매우 민감하기 때문에 동등하고 비슷한 친구를 선택합니다. 이들에게는 친구처럼 옷을 입고, 비슷하게 보이고, 같은 언어를 사용하고, 같은 습관을 갖고, 같은 음악을 듣는 것이 매우 중요합니다. 이때 청소년들의 정체성은 종종 친구들의 '판박이'와 같다고 볼 수 있습니다.

목표

▷ 자신의 친구와 비슷한 점, 다른 점 알아내기

준비물

▷ 먹지 1장과 일반 종이 2장
▷ 각 학생에게 제공할 '판박이—게임 카드'(활동지 4)가 담긴 봉투와 '판박이—분류판'(활동지 5)

진행 절차

1. 지원자를 뽑은 뒤, 일반 종이 위에 먹지를 붙이고 지원자에게 먹지 위에 무언가를 쓰게 합니다. 지원자가 모두 적고 나면 먹지를 붙인 종이에 무슨 일이 일어날지 논의합니다. 그런 다음, '발달의 관점'에 대한 내용을 이야기하며 학생들에게 자신이 또래와 판박이가 되고 싶어 한다는 사실에 동의하는지 혹은 동의하지 않는지에 대해 묻습니다.

2. '판박이—게임 카드'(활동지 4)와 '판박이—분류판'(활동지 5)을 나누어 줍니다. 학생들에게 카드를 읽고 분류판의 적절한 곳('나와 같다' '종종 나와 같다' '전혀 나와 같지 않다')에 그 카드를 놓게 합니다.

3. 학생들이 활동을 끝냈을 때 짝을 지어 자신의 결과를 나누어 보게 합니다.

4. 내용 질문과 개인 질문에 대해 토론합니다.

토론

내용 질문

      1. 어떤 카테고리에 카드를 가장 많이 놓았나요?

      2. 어떤 카드를 분류하기가 가장 어려웠나요? 어떤 것이 가장 쉬웠나요?

개인 질문

      1. 자신의 어떤 점이 친구와 같은가요? 어떤 점이 다른가요?

      2. 이 수업을 통해 깨달은 점은 무엇인가요? 배운 것에 기초하여, 앞으로 바꾸고
         싶은 것이 있나요? (공유해 봅니다.)

후속 활동

      학생들에게 자신과 관련된 추가 문제를 가지고 자신의 게임 카드를 만들어 보도록
합니다. 그들이 분류판을 이용하여 자신에 대해 더 배울 수 있도록 합니다.

판박이

14세

지도자 유의사항: 다음의 카드를 각각 잘라서 봉투 안에 넣습니다. 그리고 한 그룹당 한 세트씩 나누어 줍니다.

친구가 담배를 피운다면 나도 피우겠다.	친구가 가게에서 물건을 훔친다면 나도 같이하겠다.
옷을 살 때 친구가 산 가게에서 산다.	친구가 부모님 욕을 하는 것을 좋아한다면 나도 그렇게 하겠다.
친구가 액세서리를 많이 한다면 나도 그럴 것이다.	친구가 마약을 시도한다면 나도 할 것이다.
친구가 자기 여동생이나 남동생에게 잘 대해 준다면 나도 그렇게 할 것이다.	친구가 모든 수업을 듣는다면 나도 그럴 것이다.
친구가 좋은 성적을 받는 것이 중요하다고 생각하지 않는다면 나도 공부를 안 할 것이다.	친구가 중고 옷을 잘 산다면 나도 그럴 것이다.
친구가 귀에 피어싱을 여러 개 뚫는다면 나도 할 것이다.	가장 친한 친구가 듣는 음악을 나도 듣는다.
친구가 문신을 한다면 나도 할 것이다.	친구가 술을 마신다면 나도 그럴 것이다.

판박이

지시사항: '판박이–게임 카드'를 읽고, 해당 상황을 '나와 같다.' '종종 나와 같다.' '전혀 나와 같지 않다.'로 분류해 봅니다. 카드를 분류판 위의 해당 칸에 놓아 보세요.

나와 같다.

종종 나와 같다.

전혀 나와 같지 않다.

자기발달 5 날씬해지고 싶어

발달의 관점

완벽한 몸매에 대한 고정관념은 이상적인 아름다움의 기준에 맞추려는 청소년들, 특히 여학생들에게 많은 압박을 줍니다. 좋은 몸매를 만들겠다는 강박 때문에 섭식장애의 위험이 증가하고 있습니다.

목표

▷ 거식증과 폭식증에 대해 알아보기
▷ 섭식장애와 관련된 사회적, 감정적, 신체적 문제 인식하기

준비물

▷ 각 학생에게 제공할 '날씬해지고 싶어-신호와 증상'(활동지 6)과 '날씬해지고 싶어-이야기'(활동지 7)
▷ 각 학생에게 제공할 종이와 연필

진행 절차

1. 거식증과 폭식증, 이 두 가지 섭식장애의 개념을 알고 있는지 물어봅니다(거식증은 거의 음식을 먹지 않는 것이고, 폭식증은 한 번에 많은 양의 음식을 자제하지 못하고 먹은 뒤 일부러 모두 토해 내는 것). 학생들에게 '날씬해지고 싶어-신호와 증상'(활동지 6)을 나누어 주고 읽게 합니다. 읽은 후 활동지 뒷장에 '나는 ~를 배웠다' 세 가지를 쓰게 합니다.

2. '날씬해지고 싶어-이야기'(활동지 7)를 나누어 주고 읽게 합니다. 이야기를 읽은 후 그에 대한 세 가지 반응을 적게 합니다. 3명씩 그룹을 지어 논의하게 합니다.

3. 내용 질문과 개인 질문에 대해 토론합니다.

토론

내용 질문

    1. 거식증에 대해 무엇을 배웠나요?

    2. 폭식증에 대해 무엇을 배웠나요?

    3. 읽은 것에 기초하여, 섭식장애가 왜 위험한가요?

    4. 이야기의 주인공은 섭식장애로 어떤 문제가 있었나요?

    5. 남학생도 여학생처럼 섭식장애를 가질 수 있나요?

개인 질문

    1. 이야기를 읽고 느낀 점은 무엇인가요?

    2. 날씬해지기 위해 굶거나 토하는 행동을 생각해 본 적이 있나요? 이러한 행동은 자신에게 어떤 문제를 일으킬까요?

    3. 친구나 가족 중에 섭식장애를 가졌던 사람이 있나요? 만약 그렇다면, 섭식장애는 그들에게 어떤 영향을 미쳤고, 자신에게는 어떤 영향을 주었나요?

    4. 날씬해지기 위한 일에 인생을 걸 만큼 가치가 있다고 생각하나요?

후속 활동

    병원이나 클리닉에서 섭식장애 전문가를 초빙하여 이 주제에 대해 보다 세부적으로 논의합니다. 가능하다면, 거식증이나 폭식증으로부터 회복된 청소년을 초대해 경험을 나누게 합니다.

날씬해지고 싶어

14세

지시사항: 이 정보지를 읽고 나서 다음 쪽의 이야기를 읽어 보세요. 섭식장애가 리사의 삶에 어떤 영향을 미치는지 생각해 봅니다.

거식증과 폭식증은 가장 심각한 두 가지 섭식장애입니다. 거식증의 경우, 뚱뚱해지는 것에 대한 심한 두려움 때문에 음식을 거부합니다. 그들은 자신의 몸매에 대한 인식을 매우 왜곡시켜 체중이 심각하게 줄더라도 여전히 뚱뚱하다고 생각합니다. 거식증은 음식에 집착합니다. 무엇을 먹을 수 있고 얼마나 먹을 수 있는지 굉장히 신경 씁니다. 다른 사람들이 이것을 알아차리거나 놀리는 것에 대한 두려움이 있기 때문에 외부에서 음식을 먹기를 원하지 않고, 따라서 사회생활과 학교생활에 지장을 줍니다. 거식증은 매우 심각합니다. 충분히 먹지 않으면 신체의 주요 기관이 기능을 멈추기 때문에 사망할 수도 있습니다.

폭식증은 거식증과 다릅니다. 폭식증은 한 번에 많은 양의 음식을 먹습니다. 식사 후에는 일부러 구토를 합니다. 변비약이나 다이어트약을 사용하기도 합니다. 예를 들어, 폭식을 할 때는 과자 큰 봉지를 먹고 나서 바로 샌드위치 여러 개, 쿠키 여러 개, 두 잔의 쉐이크를 연달아 먹습니다. 폭식증은 살찌는 것을 원하지 않기 때문에 폭식을 한 음식을 없애려 합니다. 이것을 퍼징(purging)이라고 합니다. 폭식 행동을 배고픈 것과 많이 먹는 것과 혼동해서는 안 됩니다. 당신이 단순히 많이 먹는 사람이라면, 음식을 폭식한 다음 일부러 섭취한 음식을 토하지는 않을 것이며, 무엇을 어디서 먹을 것인지에 대해 비밀로 하지 않을 것입니다.

때로는 체중을 기준에 맞추어야 하는 레슬링 선수들이 폭식증에 걸리기도 합니다. 폭식증은 충동적으로 먹는 사람이며 음식을 사기 위해 돈을 훔칠 수도 있습니다. 폭식증은 거식증과 마찬가지로, 매우 심각하지만 폭식 또는 구토 행동으로 인해 알아차리기가 더 쉽습니다.

날씬해지고 싶어

〈거식증의 신호와 증상〉

극심한 체중 감소

왜곡된 신체상에 극심한 불만족을 느낌

과도한 운동

언제, 무엇을, 얼마나 먹을지 과도하게 걱정함

당이나 지방이 전혀 들어 있지 않은 안전한 음식을 먹도록 심각하게 제한을 둠

임신이 불가할 정도로 생리 주기가 불규칙함

너무 많이 먹거나 운동을 하지 않으면 죄책감을 느낌

사회 및 학교 활동에서 빠짐

우울, 반항, 짜증, 죄책감, 분노와 같이 감정 기복이 심함

낮은 자존감

무기력증

〈폭식증의 신호와 증상〉

급격히 살이 찌고 빠짐

폭식하고 토하는 것을 숨김

구토를 하려고 손을 목구멍에 찌르다 보니 손가락에 상처가 생김

왜곡된 신체상에 극심한 불만족을 느낌

구토하기 위해 혹은 설사약을 먹고 자주 화장실을 감

낮은 자존감

짜증, 분노, 죄책감, 우울, 외로움을 느낌

활동지 6

날씬해지고 싶어

14세

　열네 살 때 내 친구들은 다이어트와 체중 감량에 대해 이야기하기 시작했다. 친구들은 자신이 뚱뚱하다고 생각했기 때문에 나 또한 내가 뚱뚱하다고 생각하기 시작했다. 여름이 되었을 때 언니가 예전보다 많이 먹지 않는다는 것을 알았다. 언니는 학교생활을 포함해 모든 것을 잘했고 예뻤기 때문에 나는 항상 언니를 동경했다. 이렇게 언니와 친구들 때문에, 특히 내가 다른 사람들보다 더 많이 먹었기 때문에 나 자신이 뚱뚱하다고 생각하기 시작했다. 나는 과체중이 아니었지만 언니나 친구들과 함께 있을 때 특히 더 그런 기분이 들었다.

　여름 내내 나는 점점 더 적게 먹기 시작했다. 내가 많이 먹지 않자 언니는 내가 자기를 따라 하고 있음을 알아차렸다. 누가 더 적게 먹는지 경쟁하는 것 같았다. 우리는 이 경쟁이 시작되기 전에는 친했지만 서로를 미워하기 시작했고 항상 음식에 대해 싸웠다. 그해 여름, 우리는 아르바이트를 하고 있어서 주로 밖에 있었는데, 그러다 보니 엄마의 간섭을 피할 수 있어서 먹지 않는 일이 매우 쉬웠다.

　여름이 지날수록 나는 음식을 더 제한했다. 먹는 양을 줄이기 시작한 다음, 하루에 특정 칼로리만 섭취했다. 처음에는 1,400칼로리를 먹은 다음 800으로 줄였고, 그다음 500으로, 그다음 300으로 칼로리를 줄여 나갔다. 나는 지방이 없거나 매우 저지방인 음식만 먹었다. 나는 건강하다고 생각했고, 내가 무슨 행동을 하고 있는 건지 전혀 몰랐다. 매일 윗몸일으키기와 팔굽혀펴기를 하고 달리기 또는 롤러 블레이드를 타며 운동을 했다.

　나는 내가 먹은 것에 대해 친구와 가족에게 거짓말을 정말 잘했다. 때로는 내 방에 음식을 숨겨 놓고 엄마에게는 다 먹었다고 말했다. 식사 시간은 끔찍했다. 먹지 않기 위해 부모님과 싸우고 소리를 질렀다. 내 인생은 더 악화되고 있는 것 같았지만, 나는 점점 더 적게 먹었다. 몸은 항상 피곤했고, 여름이었지만 추위를 느꼈다. 부모님은 내 상태를 보고 제발 더 많이 먹어 달라고 부탁을 하셨다. 결국 엄마는 나를 의사에게 데려갔는데, 그때 나는 매우 마르고 건강이 안 좋은 상태였다. 의사는 내가 먹지 않아 죽을 수도 있다고 말했지만, 9kg이 빠졌음에도 불구하고 나는 여전히 뚱뚱하다고 생각했기 때문에 이해하지 못했다.

　체중은 점점 더 줄어들었다. 학교가 개학을 하고, 배구를 하러 갔지만 힘이 없어서 우울했다. 어느 금요일, 학교에서 집으로 돌아왔는데 엄마는 내가 심각한 상태라서 병원에 입원해야 한다고 의사에게 전화가 왔다며, 짐을 챙기라고 했다. 난 겁이 나서 정말 가고 싶지 않았

날씬해지고 싶어

다. 내가 어떻게 될지, 무엇을 해야 하는지, 얼마나 오래 있을지 전혀 몰랐다. 나는 섭식장애 프로그램에 입학하여 강제로 먹게 되었다. 그리고 우울증 치료제도 복용했다. 나는 먹고 싶지 않았지만 그곳에 있는 것이 싫어서 일주일 동안 하라는 대로 하고 집으로 돌아왔다.

집에 돌아왔을 때 약 3주 동안은 잘 먹었지만 다시 살이 찌는 것에 대해 걱정하기 시작했다. 결국 예전 습관으로 돌아가 버렸다. 거의 먹지 않았다. 사람들 앞에서 먹고 싶지 않아 학교에 가는 것이 어려웠다. 친구들 몇 명을 잃었고, 모두가 나를 이상하다고 생각했다. 어떤 선생님이 내 뒤에서 내가 너무 말라서 이상해 보인다고 이야기하는 것을 들었을 때 많이 수치스러웠다.

내 자신을 객관적으로 볼 수 없었다. 대략 14kg가 빠졌다. 거식증이 시작된 때부터 약을 먹었지만 몸에 영양을 공급하기엔 부족해서 여전히 우울했다. 나는 영양사와 상담사에게 갔다. 그들에게 상담을 받은 뒤로 살이 많이 찔까 봐 무서웠지만, 체중을 조금이라도 더 늘려야 한다는 것을 알았다. 건강에 좋은 음식을 먹기 시작했는데 여전히 설탕과 지방이 많지 않았다. 그다음에는 다양한 음식을 많이 먹기 시작했다. 계속해서 체중이 너무 증가할 것이라고 생각했기 때문에 끊임없는 투쟁이었지만, 의사, 영양사, 상담사 모두 그러지 않을 것이라고 말해 주었다. 나는 전보다 기력을 차렸고 음식을 먹기 시작했을 때 우울하지 않았다는 것을 인정해야 했다.

6개월이 지난 지금, 마침내 정상으로 돌아왔다고 말할 수 있다. 나는 섭식장애를 겪었던 것을 돌아보며, 장애를 앓기 전과 후의 모습이 같은 사람이라고 생각할 수 없다. 섭식장애로 최악의 상태에 있었을 때는 해골처럼 보였는데, 그 당시에는 나의 몸매에 대한 인식이 너무 왜곡되어 있어서 그것을 보지 못했었다.

일부 사람들은 수년간 섭식장애를 앓는다고 하는데, 나는 운이 좋았다고 생각한다. 언니도 많이 나아지기 시작했다. 지금 생각해 보니 그 모든 것이 가치가 없었던 것 같다. 나는 피곤하고 추웠고 항상 우울했다. 다른 사람들과 함께 있고 싶지 않았고 거짓말과 싸움이 싫었다. 다시 '정상적인' 식사를 한다는 것이 어려웠지만 차차 쉬워지게 되었다. 이제는 내가 먹는 모든 것에 대해 걱정할 필요가 없어서 좋고, 다시 재미있게 지낼 수 있어서 좋다.

—리사, 14세

**정서
발달
1**

이 감정들은 어디에서 올까?

14세

👨‍🏫 발달의 관점

청소년들은 호르몬이 급격히 증가함에 따라 자신의 감정에 쉽게 압도될 수 있습니다. 감정들이 어디에서 오는지 배우게 되면 부정적인 감정을 바꾸고 정서적 고통이 덜한 생활을 할 수 있습니다.

👩‍🏫 목표

▷ 감정들이 어디에서 오는지 배우기

▷ 감정을 바꾸기 위해 생각을 어떻게 바꾸어야 하는지 알아내기

👩‍🏫 교수

▷ 다음의 6개 감정 단어가 적힌 두꺼운 종이: 신이 난, 긴장된, 화난, 실망스러운, 질투하는, 자랑스러운

▷ 마스킹 테이프

▷ 각 학생에게 제공할 종이와 연필(후속 활동용)

👩‍🏫 진행 절차

1. 수업을 시작하기 전에 감정 단어를 교실 곳곳에 걸어 둡니다. 짧게 이 단어들의 의미에 대해 토론해 봅니다.

2. 첫 번째 파트에 대해 대답할 6명의 지원자를 뽑아, 특정 상황들(다음의 목록 참조)을 읽어 줄 것이라고 설명합니다. 상황을 읽은 후에, 지원자들에게 자신이 그 상황이라면 어떤 감정을 느낄 것 같은지 생각해 보고, 그 감정을 가장 잘 표현해 주는 단어 옆에 가서 서 보라고 합니다. 그리고 나머지 학생들에게는 지원자를 잘 관찰해 보며 그들이 어디로 가는지, 어느 한쪽으로 몰리는지 확인해 보라고 합니다.

'이 감정은 어디에서 올까?' 상황 목록

> ▶ 회장 선거에 출마한다.
>
> ▶ 파티에 초대됐지만 엄마가 허락하지 않는다.
>
> ▶ 부모님은 주말 동안 집을 비우신다.
>
> ▶ 피아노 콩쿠르 대회 결승에 진출한다.
>
> ▶ 언니는 자전거 여행을 가는데 나는 집에 있어야 한다.
>
> ▶ 이번 주말에 교회 수련회를 간다.
>
> ▶ 처음으로 스키를 타러 간다.
>
> ▶ 첫 번째 축구 경기에 참여하지 못하고 벤치에만 앉아 있었다.
>
> ▶ 처음으로 친구들과 파티를 간다.
>
> ▶ 3주 동안 집을 떠나 캠프를 간다.

3. 지원자들이 각 감정 단어 옆에 서고 나면 왜 그렇게 느끼는지 설명해 보라고 합니다. 감정에 영향을 미칠 수 있는 다양한 이유와 생각들을 주목하여 이야기합니다.

4. 6명의 다른 지원자를 뽑아 다른 상황을 읽어 줍니다. 모든 상황에 대해 같은 절차를 반복합니다.

5. 내용 질문과 개인 질문에 대해 토론합니다.

토론

내용 질문

1. 모든 사람들에게 같은 상황이 주어졌지만 이들은 왜 같은 감정 단어 앞에 서지 않고 같은 감정을 느끼지 않았을까요?

2. 사람들이 어떤 것에 대해 생각하는 방식이 그 사람이 어떻게 느끼는지에 왜 영향을 미칠까요?

3. 다음의 내용을 설명해 주세요.

여러 사람이 같은 상황을 경험할 수 있지만, 생각하는 것 때문에 사람마다 모두 다른 감정을 느끼게 될 수도 있습니다. 3주 동안 캠프를 가는 것으로 예를 들어 봅시다. 어떤 아이들은 가서 재미있는 일이 있고, 새로운 친구들을 만나고, 즐거운 시간을 보낼 수 있다고 생각하기 때문에 신이 날 수 있습니다. 그러나 어떤 아이들은 너무 오랫동안 친구와 떨어져 있어야 하고 캠프 활동을 좋아하지 않기 때문에 화가 날 수도 있습니다. 또 어떤 아이들은 집을 떠나는 게 처음이기 때문에 긴장할 수도 있습니다. 음식이 입에 맞을지 아니면 새로운 친구를 사귈 수 있을지 걱정할 수 있습니다. 따라서 상황이 동일하더라도 생각 때문에 감정이 다 다릅니다.

생각을 바꾸면 감정도 같이 바뀔 수 있습니다. 어머니가 파티에 가지 말라고 해서 화가 났다고 가정해 봅시다. 아마도 이것은 공평하지 않고, 모든 재미를 놓칠 것이며, 정말로 끔찍하다고 생각할 것입니다. 그러나 파티에 갈 수 없는 것이 세상의 종말은 아니라고 스스로에게 말해 봅니다. 실망감은 느낄 수 있지만 화는 나지 않을 것입니다. 다른 상황을 생각해 봅시다. 처음으로 춤을 추러 가는 상황을 상상해 봅니다. 누군가 당신에게 함께 춤을 추자고 하지 않을 수도 있고, 실수로 누군가의 발을 밟았을 때 사람들이 당신을 비웃거나, 째려보거나, 불편함을 느낄 수도 있습니다. 그러나 생각을 바꿔서, 넘어질 수도 있지만 그렇지 않을 수도 있다고 스스로에게 말합니다. 만약 넘어지더라도 모든 사람이 당신만 보고 있는 것은 아닐 수도 있습니다. 그리고 당신을 쳐다보더라도 넘어진 사람이 자신만 있는 것은 아닐 것입니다. 이런 생각을 갖고 있다면 너무 긴장하지 않을 것입니다.

개인 질문

1. 자신이 생각한 것이나 속으로 되뇌었던 것이 남들과 달라서, 다른 사람들과는 완전히 다르게 느껴지는 상황이 있나요? (예시를 공유합니다.)

2. 생각을 바꾸었을 때 감정도 바뀐 경험을 해 본 적이 있나요? 예를 들어, 처음에는 긴장된다고 느꼈지만 상황을 다시 잘 생각해 본 후 그렇게 긴장할 일은 아니라고 생각한 적이 있나요?

후속 활동

학생들에게 기분 나빴던 일을 떠올리게 합니다. 나쁜 감정이 들게 만든 생각들을 떠올려 적어 보게 합니다. 그리고 나쁜 감정들을 줄일 수 있게 해 주는 다른 것들을 생각해 보라고 합니다. 생각을 변화시켜 감정을 변화시킬 수 있는 방법에 대해 학생들이 공유할 수 있도록 시간을 줍니다.

분노 폭발

👤 발달의 관점

청소년들은 다양한 방법으로 분노를 경험하며 표출합니다. 어떤 사람들은 분노를 끓는 물에 비유하여 서서히 가열되다가 갑자기 끓어넘치곤 한다고 말합니다. 또 어떤 사람들은 분노를 어디에선가 갑자기 튀어나와 폭발하는 폭죽에 가깝다고 비유하곤 합니다. 만약 청소년들이 분노를 경험하는 과정을 잘 이해하고 있다면, 그 분노를 효과적으로 표현하는 방법도 익힐 수 있을 것입니다.

👩 목표

▷ 분노를 겪는 과정 이해하기

▷ 무엇이 분노를 촉발하는지 알아보기

▷ 분노를 효과적으로 조절하고 표출하는 방법 배우기

👷 준비물

▷ 각 학생에게 제공할 '분노 폭발－질문지'(활동지 8)와 연필

👩‍🏫 진행 절차

1. 앞선 수업에서 배운 감정에 대한 기본적인 사항을 재검토합니다. 이 활동의 목표는 분노에 대한 경험들을 더 잘 이해하고 어떻게 효율적으로 분노를 통제할 수 있을지를 배우는 것이라고 충분히 설명합니다.

2. 각 학생에게 '분노 폭발－질문지'(활동지 8)를 나누어 줍니다. 이 질문지를 읽고 처음 다섯 가지 질문에 대해 대답하게 합니다.

3. 질문 과정이 끝나면 학생들을 3명씩 한 그룹으로 나누어 이 다섯 가지 질문에 대한 대답을 서로 공유하게 합니다.

4. 이 과정이 끝나면 3명 중 1명을 옆 그룹으로 이동하게 하여, 그 새로운 그룹은 이어지는 다섯 가지 질문에 대해 공유하게 하고 답변들을 기록하게 합니다.

5. 내용 질문과 개인 질문에 대해 토론합니다.

🧑‍🏫 토론

내용 질문

1. '분노 폭발－질문지'를 통해 분노에 대해 무엇을 배웠나요? 자신의 답변에서 놀라운 부분이 있었나요?

2. 그룹 토의에서 다른 사람이 분노를 다스리거나 통제하는 데 사용하는 방법 중 어떤 것을 배우게 됐나요? 어떤 방법이 효과적이라고 생각하나요?

3. 자신의 그룹은 분노에 대처하는 비효과적인 방법을 무엇이라고 결론지었나요? 왜 그것들이 효과적이지 않을 거라고 생각했나요?

4. 분노를 유발하는 생각들을 발견했나요? 예를 들면, 불공평한 일을 당했을 때, 자신이 정당하다고 생각하는 일이 받아들여지지 않았을 때, 사람들이 내가 원하는 만큼 나를 대우해 주지 않았을 때 화가 나나요? (어떤 일에 대해 특정한 방식으로 기대를 하고 있을 때 그것이 충족되지 않으면 분노를 느낄 수 있음을 설명합니다. 학생들에게 자신을 화나게 하는 것들에 대해 예시를 들도록 합니다.)

5. 분노를 속으로 삭여야 한다고 생각하나요, 표출해야 한다고 생각하나요? 분노에 대해 생각하고 말할수록 그 분노가 더 커진다는 것을 생각해 본 적 있나요?

개인 질문

1. 자신이 화났다는 것을 어떻게 자각하나요?

2. 분노를 느낄 때 화가 천천히 증가하나요, 아니면 급격히 증가하나요? (불 위에 올려놓은 냄비 또는 휘발유와 성냥개비로 비유합니다.)

3. 분노 폭발에 도달했다는 것을 어떻게 자각하나요?

4. 화를 다스리기 위해 어떤 방법을 사용하나요? 그 방법이 자신에게 효과적인가요?

5. 분노를 효과적으로 다룰 수 있도록 이 수업을 통해 무엇을 배웠나요?

🧑‍🏫 후속 활동

학생들에게 언제 화가 나는지, 무엇이 화를 유발시키는지, 화났을 때 어떻게 행동하는지, 그리고 화를 다루기 위해 사용하던 방법이 효과적이지 않을 때 어떤 전략을 취할지 생각해 보고 기록하게 합니다. 그들이 느낀 점을 전체 그룹과 공유하게 합니다.

분노 폭발

이름: _____ 날짜: _____

지시사항: 질문지의 처음 다섯 가지 질문에 대해 스스로 답해 봅니다. 그리고 3명씩 짝지어 답변을 공유해 봅니다. 이 과정이 끝나면 선생님이 질문지의 나머지 부분을 완성하기 위한 지시를 줄 것입니다.

분노에 관하여…

　　냄비의 끓는 물을 생각해 봅니다. 불을 켜면 물은 천천히 가열될 것입니다. 처음에는 아무 일이 일어나지 않는 것처럼 보이다가 표면에 방울들이 서서히 나타나기 시작합니다. 이 과정은 천천히 일어나다가 방울들이 점차 빠르게 움직이고 서로 합쳐져 큰 방울이 됩니다. 시간이 흐르면 이 움직임은 더욱 빨라지고 김이 올라오는 것도 볼 수 있습니다. 이렇게 점점 방울들의 움직임은 빨라지고 크기는 커져 가다가… 갑자기 물이 냄비에서 넘치게 됩니다.

　　반면에, 휘발유를 땅에 쏟고 성냥으로 불을 붙인다고 생각해 봅시다. 불을 붙이는 즉시 폭발과 함께 불이 타오를 것입니다. 또는 폭죽에 불을 붙이는 경우도 곧바로 폭발하는 것을 볼 수 있습니다.

질문

1. 나의 분노는 천천히 끓는 냄비 안의 물과 같나요, 아니면 불을 붙인 휘발유와 같나요?

_____

2. 화가 날 때 이 '분노'가 점차적으로 오는 게 느껴지나요, 아니면 갑자기 불쑥 튀어나오나요?

_____

3. 나에게 화를 유발시키는 생각들이 무엇인지 알고 있나요? 예를 들어, 어떤 일은 항상 내가 원하는 방식대로 이루어져야 한다고 생각하나요? 모든 것이 항상 공평해야 한다고 생각하나요?

_____

분노 폭발

14세

4. 화가 나면 스스로 진정시킬 수 있나요, 아니면 점점 더 커지나요?

_____

5. 화는 보통 어떻게 사라지나요?

_____

6. 화가 났을 때 참는 것이 더 도움이 되나요, 혹은 표출하는 것이 더 도움이 되나요? 그 이유는 무엇인가요?

_____

7. 화를 표출한다고 했을 때, 효과적으로 하는 방법이 있나요? 화를 표출하는 자신만의 좋은 방법 세 가지를 말해 보세요.

_____
_____
_____

8. 화를 표출하는 방법 중 비효과적인 방법 세 가지를 말해 보세요.

_____
_____
_____

9. 왜 이 방법들이 효과적이지 않다고 생각하나요?

_____

10. 생각을 바꾸는 것이 분노에 대처하는 방법에 어떤 영향을 줄까요? 한 가지 예를 들어 봅시다. 내가 하고 싶은 대로 하도록 부모님이 내버려 두면 좋겠는데 그렇지 않을 때 화가 날 수 있습니다. 만약 부모님이 내가 하고 싶은 대로 알아서 하도록 해 줬더라면 화가 덜 났을까요? 하지만 이것은 비현실적인 생각이겠죠? (이런 식으로 예를 들어 생각해 봅니다.)

_____
_____

활동지 8

너무 강렬한

🧑 발달의 관점

감정의 지나친 강도는 청소년들의 삶 전체에 스며들어 큰 문제를 만들 수 있습니다. 청소년기에는 넘치는 감정을 견뎌 내는 힘이 부족하기 때문에 감정의 지나친 강도에 앞도당할 수 있고 '미쳐 가는' 느낌을 가질 수도 있습니다. 이 감정을 통제하지 못하면 매우 충동적이고 자기파괴적인 행동으로 변질될 수 있기 때문에 이들에게 감정의 강도를 파악하고 통제하도록 교육하는 것이 필요합니다.

🧑 목표

▷ 초기 청소년기의 강한 정서적 강도에 대한 이해력 기르기
▷ 강한 감정을 다루기 위한 전략 수립하기

👷 준비물

▷ 각 학생에게 제공할 '너무 강렬한-상황들'(활동지 9)이 담긴 봉투
▷ 5명으로 구성된 각 그룹에게 제공할 다음의 라벨이 붙은 5개의 통(프링글스 통 같은 것): 매우 강함, 강함, 약간 강함, 어느 정도 강함, 별로 강하지 않음
▷ 각 학생에게 제공할 '너무 강렬한-해결책'(활동지 10)
▷ 각 학생에게 제공할 연필

🧑 진행 절차

1. 학생들에게 이 나이대에는 강한 감정에 휘말리는 것이 흔한 일이라는 점에 대해 토의하게 하면서 수업을 시작합니다. 충동적이고 후회할 만한 행동을 하지 않도록 강한 감정들을 효과적으로 다루는 방법을 배우는 것이 얼마나 중요한 일인지 강조합니다.

2. '너무 강렬한-상황들'(활동지 9)을 나누어 주고, 학생들에게 각 상황에 따른 감정을 적어 보도록 합니다. 그 후 5명씩 한 그룹으로 나누고 각 그룹에게 라벨이

붙은 통을 5개씩 나누어 줍니다. 학생들에게 감정의 정도를 가장 잘 나타낸 단어가 쓰인 통 안에 상황 카드를 넣게 합니다.

3. 모든 학생이 상황 카드를 통에 넣으면, 각 그룹별로 한 번에 한 통씩 상황 카드를 꺼내어 똑같은 상황 카드가 몇 장이나 있는지 확인하도록 합니다. 그런 뒤 다음 내용에 대해 토의하게 합니다.

▶ 학생들 전부가 같은 상황 카드를 '매우 강함' 통에 집어넣었나요? 만약 그렇지 않다면 왜 그랬다고 생각하나요? (다른 라벨이 붙은 통에 대해서도 같은 질문을 합니다)

▶ 누군가 '매우 강함' 통에 넣은 상황들에 대해 놀란 것이 있나요? (혹은 다른 통에 넣은 상황 카드 중 놀란 것이 있나요?)

4. 학생들에게 '너무 강렬한—해결책'(활동지 10)을 나누어 주고 읽게 합니다. 그 후 내용 질문과 개인 질문에 대해 토론합니다.

토론

내용 질문

1. '너무 강렬한—해결책' 활동지에 나온 강한 감정들을 다루는 세 가지 방법은 어떤 것이 있나요?
2. 활동지에 있는 아이디어 외에 강한 감정을 다룰 수 있는 방법은 어떤 것이 있을까요?

개인 질문

1. 감정이 격해짐으로써 오는 문제들이 있나요?
2. 이러한 문제가 발생했을 때, 어떻게 행동하나요?
3. 이 활동을 통해 강한 감정에 대처하는 방법들을 배웠나요?

후속 활동

학생들에게 활동지에서 보여 준 것처럼 '감정 차트'를 만들게 합니다. 그 후 이 수업에서 토의했던 강한 감정을 다루는 방법을 시도해 보게 합니다.

너무 강렬한

지도자 유의사항: 다음의 상황들을 잘라서 봉투에 넣고, 각 학생에게 한 세트씩 나누어 줍니다.

숙제를 하지 않았다는 이유로 교실에서 쫓겨 났습니다. 나의 감정: _____ _____	지역 경연대회의 피아노 연주자로 선발되었 습니다. 나의 감정: _____ _____
작년에 이사 간 가장 친한 친구가 나와 시간 을 보낸다며 봄방학에 놀러 온다고 합니다. 나의 감정: _____ _____	새로 산 외투를 탈의실에 놓고 왔는데 누군 가 훔쳐 갔습니다. 나의 감정: _____ _____
귀가 시간보다 10분 늦게 들어와서 부모님이 외출금지령을 내렸습니다. 나의 감정: _____ _____	친한 친구가 다른 사람에게 나에 대해 거짓된 소문을 말하고 다녔습니다. 나의 감정: _____ _____
너무 갖고 싶었던 운동화를 사기 위해 돈을 모아 왔는데 드디어 사게 되었습니다. 나의 감정: _____ _____	부모님이 2주간 휴대폰을 압수했습니다. 나의 감정: _____ _____
농구 시합에서 상대 팀과 동점이었는데 내가 슛을 넣지 못하였습니다. 나의 감정: _____ _____	열심히 공부해서 성적을 30점에서 80점으로 올렸습니다. 나의 감정: _____ _____

너무 강렬한

십 대의 시기에 강렬한 감정을 느끼는 것은 일반적인 일입니다. 몸이 매우 빠르게 변하는 시기이고 호르몬 변화도 급작스럽기 때문입니다. 나 혼자서만 이 감정을 느낀다고 생각할 수 있지만, 친구와 이 문제에 대해 이야기해 보면 친구도 같은 감정을 느끼고 있다는 것을 알 수 있을 것입니다. 때로는 갑자기 매우 화가 났다가 불과 몇 분 뒤 기뻐하는 모습에서 혼란이 올 수 있습니다. 감정이 요요처럼 올라갔다 내려갔다 하고 그 범위 또한 매우 클 것입니다.

감정의 극단적인 변화를 조절할 수 있도록 무엇을 할 수 있을까요? 가장 먼저 해야 할 일은 나의 감정을 기록하는 것입니다. 차트를 만들어 1주일을 7일로 나누고, 하루는 1시간 단위로 나누어 봅니다. 그리고 1시간마다 내가 느끼는 감정의 강도를 1~5 사이의 숫자로 표시합니다(1=매우 나쁨, 5=매우 좋음으로 기록). 이렇게 기록된 데이터를 살펴본다면, 감정의 변덕성과 강도를 파악할 수 있을 것입니다.

만약 낮은 점수를 많이 기록하고 있다면, 학교 상담 선생님이나 담임 선생님 혹은 부모님께 상담을 받는 것이 도움이 될 수 있습니다. 이 시기를 견디기 위해 약물과 같은 치료가 필요할 수도 있습니다. 약물 치료가 필요하다고 해서 이것이 미쳤다는 것을 의미하지는 않습니다. 몸에서 호르몬의 불균형이 있기 때문에 이것을 바로잡기 위한 방법으로 약물이 사용될 수 있는 것입니다.

감정을 다스리는 다른 방법도 있습니다. 감정이 다운되어 있을 때, 좋아하는 일을 생각해 보고 스스로 그 일을 하자고 약속해 봅니다. 또래 아이들은 음악을 듣거나 일기나 글을 쓰는 것이 도움이 되기도 하고, 자전거를 타거나 농구 자유투 연습 등의 야외 활동이 도움이 되기도 합니다. 자신에게 맞는 것을 찾아야 합니다.

기억해야 할 점은 이 격한 감정과 변덕성이 영원히 지속되지는 않는다는 것입니다. 이 감정을 처음 경험했을 때의 나이에 따라 다르겠지만, 대개 16~17세에는 감정들이 안정을 찾기 시작합니다. 이 극단적이고 강렬한 감정 때문에 혼란스럽고 낙담할 수 있지만 나쁜 감정에서 벗어나기 위해 노력해야 합니다. 다른 사람에게 도움을 요청하는 것도 좋습니다. 꼭 혼자서 담아 두고 있을 필요가 없습니다.

정서 발달 4 창피함

발달의 관점

청소년기는 감수성이 예민하기 때문에 창피함이라는 감정을 흔히 경험할 수 있습니다. 청소년들이 이 감정을 혼자만 느끼는 것이 아님을 알게 된다면 안정감을 느끼는 데 도움이 될 것입니다.

목표

▷ 창피함에 대한 이해력을 높이고 대처하는 방법들 찾아내기

준비물

▷ 각 학생에게 제공할 '창피함-활동지'(활동지 11)와 연필

진행 절차

1. 창피함을 느껴 본 적이 있는 학생이 있다면 손을 들어 보게 하고 몇 명이 있는지 세어 봅니다. 창피함(남을 의식하거나 불편함)이라는 단어의 의미에 대해 토의해 보고, 이 감정은 특히 청소년기에 흔한 감정이라는 것을 강조합니다.

2. '창피함-활동지'(활동지 11)를 각 학생에게 나누어 줍니다. 학생들이 자유롭게 돌아다니며 활동지에 적힌 상황이나 인간관계에서의 상황에서 창피함을 느낀 적이 있는 학생을 찾게 합니다. 각각의 빈칸을 채워 줄 사람을 찾는 것이 목표입니다.

3. 모두가 누군가를 찾은 후, 학생들을 3명씩 한 그룹으로 나누어 그들이 예시로 든 내용들을 공유하게 하고, 창피함을 줄이기 위해 무엇을 할 수 있는지 토의하게 합니다. 그룹 중 1명을 서기로 선택하고 활동지 뒷면에 창피함을 줄이기 위한 방법을 적게 합니다.

4. 내용 질문과 개인 질문에 대해 토론합니다.

토론

내용 질문

  1. 활동지의 질문에 대한 예시를 드는 것이 어려웠나요? 어떤 항목이 더 쉬웠나요?

  2. 다른 사람이 창피하다고 정의한 일 중에 예상치 못했던 일이 있었나요?

  3. 창피함을 느끼는 것이 또래 아이들에게 흔한 일이라는 것을 알게 된 후, 내가 창피함을 느낄 때 다른 친구들도 마찬가지로 그럴 것이라는 생각이 도움이 되나요?

개인 질문

  1. 오늘 '창피함'으로 정의된 것들과 같은 상황을 경험한 적이 있었나요?

  2. 창피함을 느낄 때 어떻게 대처하나요? 창피함을 덜 느끼도록 할 수 있는 게 있나요?

  3. 이 수업을 통해 배운 것 중 앞으로 유용하게 쓸 만한 방법은 무엇인가요?

후속 활동

학생들에게 '너무 강렬한—해결책'(활동지 10)에서와 같이 '감정 차트'를 만들게 합니다.

창피함

이름: _____ 날짜: _____

지시사항: 활동지를 들고 돌아다니며, 다음에 써 있는 사람들과의 관계나 활동에서 창피함을 경험한 상황에 대하여 빈칸을 채워 줄 친구를 찾아보세요.

1 .부모님 _____

2. 선생님 _____

3. 형제나 자매 _____

4. 발표할 때 _____

5. 할머니, 할아버지 _____

6. 남학생들 _____

7. 여학생들 _____

8. 운동 경기 _____

9. 음악 연주 _____

10. 부모님과 쇼핑하기 _____

정서 발달 5

가장 좋아하는 감정들

14세

발달의 관점

청소년들은 여전히 매우 구체적으로 생각하는 경향이 있기 때문에, 강렬한 감정에 쉽게 압도되어 상황이 나아질 거라는 기대를 저버리는 경우가 있습니다. 이 시기의 청소년들은 충동적으로 행동하기 때문에 우울한 기간이 오래 지속되었을 때 자기파괴적인 행동을 하거나 이 감정에서 벗어나기 위해 자살을 고려할 수도 있습니다. 그러므로 이들에게 스스로 감정을 조절할 수 있다는 것을 보여 주고, 긍정적인 생각을 키워 주는 것이 중요합니다.

목표

▷ 긍정적인 감정을 불러일으키는 방법 찾아보기

준비물

▷ 칠판
▷ 3명당 하나씩 제공할 A4용지와 마커
▷ 종이와 연필(후속 활동용)

진행 절차

1. 학생들에게 눈을 감게 하고 최근에 가장 행복했던 일을 생각하게 합니다. 그 시간이 언제였고 누구와 무엇을 했는지 떠올리게 합니다. 학생들이 괜찮다면 그 일을 다른 친구들과 공유하게 합니다.
2. 학생들에게 가장 좋아하는 감정을 생각하게 합니다. 그것을 공유하고 칠판에 적게 합니다.
3. 청소년기에는 긍정적인 감정보다 부정적인 감정에 사로잡힐 때가 많다는 사실에 대해 토의하게 합니다. 부정적인 감정을 잠재울 수 있도록 긍정적인 감정을 떠올리는 것이 중요하다는 것을 설명합니다.

141

4. 학생들을 3명씩 한 그룹으로 나누고 A4용지와 마커를 나누어 줍니다. 각 그룹별로 A4용지에 그들의 생각을 기록할 사람을 지명합니다. 각 그룹별로 긍정적인 감정을 최소 다섯 가지 이상 생각해서 적게 한 후 그 옆에 빈칸을 두도록 합니다. 그러고 나서 각각의 긍정적인 감정이 일어나도록 하기 위해 할 수 있는 것들을 생각하게 합니다(예를 들면, 부드러운 감정을 느끼기 위해 그러한 감정을 느끼게 해 주는 음악을 듣는 방법이 있습니다.)

5. 3명의 그룹에서 나온 내용을 전체 그룹과 공유할 수 있도록 시간을 줍니다. 학생들이 긍정적인 감정을 높이기 위한 방법들을 볼 수 있도록 교실 벽에 그들이 작성한 A4용지를 붙입니다.

6. 내용 질문과 개인 질문에 대해 토론합니다.

🧑‍🏫 토론

내용 질문

1. 이제껏 알지 못했던 긍정적인 감정들을 떠올리게 하는 방법을 찾았나요? 그것은 무엇인가요?

2. 긍정적인 감정을 떠올리는 방법을 찾는 것이 어려웠나요? 이 방법을 실제로 떠올리고 실행하는 것이 어렵나요? 무엇이 이것을 어렵게 하나요?

개인 질문

1. 이 수업에서 긍정적이라고 정의한 감정들을 모두 느껴 보았나요? 만약 그렇지 않다면 무엇이 그러한 감정을 느끼지 못하게 하나요?

2. 평소에 긍정적/부정적 감정 중 어떤 것을 더 많이 느끼나요? 무엇 때문에 그 감정을 느끼나요?

3. 긍정적인 감정들을 더 느낄 수 있도록 구체적으로 무엇을 할 수 있나요?

🧑‍🏫 후속 활동

학생들에게 부정적인 생각에서 벗어나기 위해 일부러 긍정적인 것을 떠올리려고 했던 경험을 이야기로 만들어 보게 합니다.

사회성 발달 1

나는 이렇게 말하고,
그들은 저렇게 말하고

발달의 관점

청소년들은 종종 어른이나 또래 친구들과 긍정적으로 의사소통하는 방법을 잘 모르기 때문에 대인관계의 어려움이 부분적으로 발생합니다. 이들에게 의사소통 기술을 가르치는 것은, 단어가 잘못 해석되거나 주장적 메시지가 공격적 메시지로 들릴 때 쉽게 발생하는 부정적인 상호작용의 일부를 완화시킬 수 있도록 돕습니다.

목표

▷ 주장적, 공격적, 비주장적 의사소통 방법 구분하기
▷ 어떤 의사소통 방법이 가장 효과적인지 알아보기

준비물

▷ 칠판
▷ 각 학생에게 제공될 '나는 이렇게 말하고, 그들은 저렇게 말하고−활동지'(활동지 12)와 연필

진행 절차

1. 수업 전에 이 수업을 도와줄 지원자를 1명 뽑습니다. 세 가지 다른 종류의 메시지를 전달할 때 지원자에게 평소와 같이 반응하도록 지시합니다.

2. 지원자에게 공격적으로 쿵쿵거리며 걸어가서 다음과 같이 말함으로써 수업을 시작합니다.

    "너는 항상 제시간에 과제를 끝내지 못해. 그래서 방과 후 여기에 한 시간 동안 남아 있어야 할 거야. 너의 게으름에 너무 지쳤으니 이제 제발 그만해."

지원자가 반응을 보인 후 다른 학생들에게 이것이 메시지를 전달하는 데 효과적인 방법이었다고 생각하는지 물어보고 함께 토론합니다. 그런 다음, 지원자

에게 다음과 같은 메시지를 전달합니다.

> (눈을 똑바로 보면서 메시지를 전달합니다.) "나는 네가 과제를 제때 제출하지 않아서 걱정했어. 과제를 끝내려면 방과 후에 한 시간 동안 남아야 할 것 같아."

이 메시지에 대한 반응을 묻고 학생들에게 두 메시지를 비교하도록 합니다. 그런 다음, 마지막 메시지를 전달합니다.

> (눈을 마주치지 않고, 중얼거리는 목소리로) "정말, 음, 미안한데, 음, 넌, 과제를 제 시간에 끝내지 않았어. 그리고, 음, 아마 음, 보충을 위해 방과 후에 남아 있어야 할 거야."

이 세 번째 메시지에 대한 반응을 토론하고, 처음 두 메시지와 비교합니다.

3. 칠판에 주장적, 비주장적, 공격적이라는 단어를 쓴 뒤 학생들에게 이 용어들의 의미를 아는지 물어봅니다. 개념 정의와 함께 전달된 메시지를 맞추면서, 학생들이 용어의 정의를 내리도록 도와줍니다. 다음 사항에 대해 논의해 봅니다.

> ▶ '공격적 메시지'는 보통 메시지를 받는 사람에게 분노를 일으키며, 받는 사람의 감정을 별로 고려하지 않고 전달됩니다. 공격적 메시지는 종종 '너(you)'란 단어로 시작됩니다("너는 제대로 하는 게 하나도 없어.").

> ▶ '주장적 메시지'는 보다 세심한 방식으로 전달되며 수신자에 대한 공격의 형태로 제시되지 않습니다. 주장적 메시지는 종종 '나(I)'로 시작하며, 발신자의 감정과 수신자의 행동에 대한 진술을 포함합니다("나는 네가 내 테이프를 가져가서 돌려주지 않을 때 화가 나.").

> ▶ '비주장적 메시지'는 더 간접적입니다. 메시지를 전하는 사람은 수신자가 화를 낼까 봐 두려워합니다. 그들은 이 문제를 재빨리 다루지만, 말을 많이 하는 것을 두려워합니다. 비주장적 메시지는 종종 힌트, 빈정거림 또는 비언어적 행동의 형태를 취합니다. 예를 들면, 만약 부모님이 당신이 쓰레기를 내다 버리기를 원한다면, 부모님은 당신이 눈치채길 바라면서 쓰레기를 문 옆에 두거나, 쓰레기를 내다 버리지 않았다는 것을 알면서도 "쓰레기를 내다 버리다니 정말로 잘했어."와 같이 비꼬아 말할 수도 있습니다. 하지만 비주장적 의사소통의 문제는 사람들이 때때로 눈치채지 못한다는 것입니다!

학생들이 세 가지 방식의 차이를 이해할 때까지 예시를 들어 이러한 개념에 대해 토론하게 합니다.

4. '나는 이렇게 말하고, 그들은 저렇게 말하고–활동지'(활동지 12)를 각 학생에게 나누어 주고, 학생들에게 파트너와 함께 작성하도록 요청합니다. 완료되면 답안을 검토해 봅니다(항목 1, 3, 4, 8은 공격적, 항목 2, 6, 9는 주장적, 5, 7, 10은 비주장적 메시지임). 그런 다음, 학생들에게 이런 다른 방식에 대해 상황극을 하도록 하고, 각각의 메시지에서 누가 말하는 사람인지 듣는 사람인지 상세히 설명합니다. 각 스타일의 효과와 듣는 사람에게 미치는 영향에 대해 논의합니다.

5. 내용 질문과 개인 질문에 대해 토론합니다.

토론

내용 질문

1. 활동지에 메시지들을 얼마나 정확하게 구분했나요?
2. 어떤 것이 가장 결정하기 어려웠나요?
3. 주장적, 비주장적, 공격적 의사소통 방법의 차이점에 대해 무엇을 이해했나요?

개인 질문

1. 어떤 종류의 메시지를 가장 자주 사용하나요? 그 결과에 만족하나요?
2. 어떤 종류의 메시지가 가장 효과적이라고 생각하나요? 그 이유는?

후속 활동

학생들을 작은 그룹으로 나누어 이 세 가지 의사소통 방식의 예를 직접 만들어 보도록 합니다. 그런 후 말하는 사람과 반응하는 사람을 구분하여 메시지를 상세하게 설명하는 예로 상황극을 하도록 합니다. 각 방식의 효과에 대해 논의합니다.

나는 이렇게 말하고,
그들은 저렇게 말하고

지시사항: 다음 메시지를 읽고 파트너와 함께 각 메시지가 주장적인지, 비주장적인지, 공격적인지 판단하여 동그라미를 쳐 보세요.

주장적 비주장적 공격적 1. 이 바보야. 내 공책 다시 돌려줘.

주장적 비주장적 공격적 2. 나는 네가 내 숙제를 베껴도 되냐고 물어보는 것이 싫어.

주장적 비주장적 공격적 3. 너는 그것도 이해 못 하냐. 중학생 수준이 안 되니 초등학교로 돌아가.

주장적 비주장적 공격적 4. 신경 좀 꺼요! 내가 방청소하게 만들 수 없어요. 나는 하고 싶은 대로 할 거예요.

주장적 비주장적 공격적 5. 음, 내가 빌려준 CD 좀 다시 갖다 줄래. 별일은 아닌데 그냥 돌려받고 싶어서.

주장적 비주장적 공격적 6. 오늘밤에 영화 보고 싶은 건 알지만, 나는 꼭 쇼핑몰에서 시간을 보내고 싶어.

주장적 비주장적 공격적 7. 내 펜을 찾을 수가 없어. 누가 가져가는 거 봤니?

주장적 비주장적 공격적 8. 그냥 내 삶에서 꺼져 줄래. 네 곁에 있는 게 너무 지긋지긋해.

주장적 비주장적 공격적 9. 내가 왜 시험에서 그렇게 나쁜 점수를 받았는지 모르겠어요. 점수에 대해 얘기 좀 할 수 있을까요?

주장적 비주장적 공격적 10. 나는 뭐랄까, 함께 가면 좋겠지만, 어쨌든 크게 신경 쓰지 않아도 돼.

사회성 발달 2 소속감

발달의 관점

청소년들의 주요 이슈는 집단에 포함되는 것입니다. 청소년기는 집단이 출현하는 시기인데, 예를 들면 잘나가는 애들, 운동클럽, 범생이들 그리고 날라리들과 같은 집단이 나타나는 것입니다. 각 집단은 무엇이 용인되고 받아들여지지 않는지에 대한 나름의 기준을 가지고 있으며, 집단의 내부에서 비슷하게 행동합니다. 각 집단은 동일성을 강화하며, 어린 청소년들은 집단에 의해 받아들여지면 자신이 더 중요한 사람이라고 느낍니다.

목표

▷ 특정 집단에 속하는 것에 대한 감정 알아보기
▷ 다른 집단과 어울리는 것의 긍정적인 측면과 부정적인 측면 알아보기

준비물

▷ 칠판
▷ 각 학생에게 제공될 종이와 연필

진행 절차

1. 칠판에 '잘나가는 애들, 운동클럽, 범생이들, 날라리들' 등의 용어를 쓰면서 수업을 시작합니다. 학생들에게 이러한 집단이 자신의 커뮤니티에 존재하는지 물어보고 그들이 제안하는 다른 집단을 추가합니다.

2. 학생들을 크게 두 그룹으로 나눕니다. 각 그룹은 다시 작은 그룹으로 만들어 방금 설명한 용어 중 두 가지를 골라 지정합니다(학생이 용어를 추가하여 제시한 경우에는 두 가지 이상). 각자 종이를 반으로 잘라 용어를 한쪽에 하나씩 적습니다. 학생들은 개별적으로 브레인스토밍을 실시하고, 각각의 용어가 연상되는 단어를 적습니다. 작은 그룹에서 답변에 관하여 논의한 다음 전체 그룹과도 논의합

니다.

3. 각 학생들에게 자신이 속한 집단에 대해 생각하도록 하고 이 집단과 관련된 규칙이나 기준이 있으면 그것들을 기록하도록 합니다. 학생들에게 특정 집단에 속한 이후 어떻게 변했거나 변하지 않았는지, 그리고 그 집단에 속해 있는 것에 대해 어떻게 느끼는지 설명해 달라고 요청합니다. 만약 일부 학생이 집단에 속하지 않은 경우, 자신이 속하기를 원하는 집단은 무엇인지 또는 어떤 집단과 연관되고 싶지 않은지에 대해 이유를 쓰도록 합니다(응답 내용은 기밀이며 전체 그룹과 공유되지 않을 것을 보장합니다).

4. 특정 집단에 속할 경우, 긍정적 또는 부정적 결과가 발생할 수 있다는 사실을 논의합니다. 예를 들어, '범생이들' 집단의 일원이 되는 긍정적인 결과는 좋은 성적을 받을 가능성, 즉 자신의 부모를 기쁘게 할 수 있다는 것입니다. '날라리' 집단이 되는 것의 부정적인 결과는 외모에 근거하여 판단되고, 문제아로 추정되며, 무언가를 잘못했다고 비난받을 가능성이 있을 수 있습니다. 학생들에게 예를 공유하도록 요청합니다. 마지막으로, 특정 집단과 연관됨으로써 경험한 긍정적이거나 부정적인 결과를 나열하여 앞의 3번에서 기록한 것에 추가하도록 요청합니다.

5. 내용 질문과 개인 질문에 대해 토론합니다.

🧑‍🏫 토론

내용 질문

1. 다른 집단들을 식별하기 위해 사용했던 단어들이 집단을 정확하게 표현한다고 생각하나요, 아니면 고정관념이라고 생각하나요?
2. 동시에 둘 이상의 집단의 멤버가 될 수 있다고 생각하나요? 왜 그런가요, 혹은 왜 그렇지 않은가요?
3. 한 집단에서 다른 집단으로 전환하는 것은 얼마나 쉬운가요?

개인 질문

1. 자신이 속한 집단에 만족하나요? 만약 행복하지 않다면, 이에 대해 무엇을 할 수 있다고 생각하나요?
2. 만약 자신이 집단에 속해 있지 않다면, 이것에 대해 어떻게 느끼나요? 소속되어 있지 않으면 자신에게 무슨 문제가 있다는 뜻인가요, 아니면 쓸모가 없다는 뜻

인가요?

3. 만약 자신이 집단에 속해 있지 않지만 그러고 싶다면, 이를 위해 무엇을 해야 한 다고 생각하나요?

4. 자신과 연관된 집단에 속하는 것의 긍정적인 결과나 부정적인 결과를 확인할 수 있었나요? (예시를 공유합니다.)

후속 활동

학생들에게 특정한 그룹과 어울리는 것의 긍정적인 결과와 부정적인 결과에 대해 생각해 보고, 자신의 현재 위치에 만족하는지 스스로에게 물어보도록 합니다. 그 들에게 그룹에 속하는 것이 무엇을 의미하는지에 대한 이야기나 시를 쓰도록 제안 합니다.

사이좋게 지내기

👨‍💼 발달의 관점

또래관계는 이 발달 단계에서 매우 중요합니다. 이러한 관계가 그들의 존재에 중심이기 때문에 어린 청소년들은 또래 집단에서 느끼는 굴욕에도 민감하고 취약합니다. 그들은 이 시기에 또래와 잘 지내려고 노력하는 것에 많은 에너지를 소비합니다.

👩‍🎓 목표

▷ 또래관계의 긍정적이고 부정적인 측면 알아보기
▷ 부정적인 또래관계를 다루기 위한 효과적인 전략 배우기

👷 준비물

▷ 각 학생에게 제공할 종이와 연필
▷ 각 학생에게 제공할 '사이좋게 지내기-활동지'(활동지 13)
▷ 종이 몇 장, 마커, 마스킹 테이프

👩‍🏫 진행 절차

1. 학생들에게 긍정적인 감정과 연관되어 있는 또래관계에 대해 생각해 보라고 하면서 수업을 시작합니다. 학생들에게 종이와 연필을 꺼내서 이러한 관계에 대한 세 가지 특징을 적도록 합니다(예: 이 친구는 약속을 어기지 않아요, 정직해요). 그런 다음, 학생들에게 부정적인 또래관계에 대해 생각하고 이러한 관계의 세 가지 특징을 찾아보도록 요청합니다. 긍정적인 면뿐만 아니라 부정적인 면과 관련된 감정 및 생각들을 확실히 이끌어 내면서 학생들의 반응을 토론합니다(학생들은 토론에서 이름을 사용해서는 안 된다는 점을 강조합니다).

2. 각 학생에게 '사이좋게 지내기-활동지'(활동지 13)를 나누어 주고 완성해 달라고 요청합니다. 완성하면, 각 상황에 대해 토론하고 부정적인 관계에 대처하기 위

한 감정과 전략들을 알아봅니다. 종이에 대처 전략을 나열하고 나중에 참고할
수 있도록 게시합니다.

3. 내용 질문과 개인 질문에 대해 토론합니다.

🧑‍🏫 토론

내용 질문

1. 어떤 대처 전략이 가장 효과적이라고 생각하나요? 어떤 것이 가장 효과적이지
   않다고 생각하나요?

2. 그 상황에 대해 스스로에게 말하는 것과 상황 그 자체 중 무엇이 부정적인 감정
   을 만든다고 생각하나요? 예를 들어, 누군가가 내가 공을 놓쳤기 때문에 경기에
   서 졌다고 비난할 때, 내가 공을 놓친 것 때문에 경기에서 진 것이 아니라고 스
   스로에게 말한다면 도움이 될까요? 이와 같은 생각을 다른 사례에도 적용할 수
   있나요? (공유하도록 합니다.)

개인 질문

1. 만약 친구들 중 1명이 자신을 화나게 하는 말이나 행동을 한다면, 보통 그것을
   긍정적인 방법으로 대하나요, 부정적인 방법으로 대하나요? 화나게 하는 것들
   에 대처하는 방법에 대해 어떻게 느끼나요? 화를 내지 않도록 무엇을 할 수 있을
   까요?

2. 이 수업에서 친구들과의 관계에 도움이 될 수 있는 무엇을 배웠나요?

🧑‍💻 후속 활동

각 학생에게 이 수업에서 학습한 전략들 중에서 또래관계에 적용할 수 있는 한 가
지를 선택하게 합니다. 학생들이 시도했던 것과 그것이 어떻게 작동했는지에 대한
짧은 보고서를 쓰게 합니다.

사이좋게 지내기

이름: _____   날짜: _____

지시사항: 다음의 각 상황을 읽고, 만약 이러한 상황에 처했다면 느낄 수 있는 감정과 생각들을 적고, 그 상황에 대처하기 위해 무엇을 할 것인지를 적어 봅니다.

상황 1

마시와 타냐는 오랫동안 친구였지만, 최근 마시는 타냐를 무시하고 타냐에 대해 안 좋은 말을 하고 다녔습니다. 타냐는 마시를 화나게 만든 어떤 일도 생각나지 않습니다.

타냐라면, 기분이 어떨까요? _____

타냐라면, 무엇을 생각했을까요? _____

타냐라면, 감정을 다루기 위해 무엇을 했을까요? _____

상황 2

네이트는 축구 경기 중에 공을 놓쳤고, 몇몇 선수들은 네이트에게 경기에서 진 것은 모두 너의 잘못이라고 말했습니다.

네이트라면, 기분이 어떨까요? _____

네이트라면, 무엇을 생각했을까요? _____

네이트라면, 감정을 다루기 위해 무엇을 했을까요? _____

상황3

마이크의 아버지는 음주운전으로 체포되었고, 다음 날 학교에서 한 아이가 다른 아이들 앞에서 그 일에 대해 크게 떠벌렸습니다.

마이크라면, 기분이 어떨까요? _____

마이크라면, 무엇을 생각했을까요? _____

마이크라면, 감정을 다루기 위해 무엇을 했을까요? _____

사이좋게 지내기

상황 4

치어리딩 팀에 들어가지 못한 메건은 라커룸에서 우연히 두 여자아이들이 자신의 응원 방식에 대해 놀리는 것을 들었습니다.

메건이라면, 기분이 어떨까요? _____

메건이라면, 무엇을 생각했을까요? _____

메건이라면, 감정을 다루기 위해 무엇을 했을까요? _____

상황 5

미쉘의 부모님은 이혼했고, 어머니는 돈이 많지 않았습니다. 미쉘의 옷은 별로 좋은 것이 아니었는데, 몇 명의 아이들이 미쉘의 옷에 대해 놀리는 것을 들었습니다.

미쉘이라면, 기분이 어떨까요? _____

미쉘이라면, 무엇을 생각했을까요? _____

미쉘이라면, 감정을 다루기 위해 무엇을 했을까요? _____

상황 6

아론은 과학 문제를 이해하지 못했고, 그의 짝꿍은 아론이 멍청해서 자기는 다른 짝꿍을 원한다고 선생님에게 말했습니다.

아론이라면, 기분이 어떨까요? _____

아론이라면, 무엇을 생각했을까요? _____

아론이라면, 감정을 다루기 위해 무엇을 했을까요? _____

**사회성
발달**
4

또래 아이들의 영향

🧑 발달의 관점

이 발달 단계에서, 어린 청소년들은 또래에게 지지와 타당성을 찾습니다. 그들은 거절을 두려워하고 지지를 받고 싶어 하기 때문에, 또래의 영향력, 즉 '또래 압력 (peer pressure)'은 매우 강할 수 있습니다. 비록 많은 청소년이 또래의 영향을 받는 다는 것을 부인하겠지만, 실제로는 소속에 대한 욕구가 종종 행동을 유발합니다. 또래의 영향력은 때때로 긍정적이기보다는 부정적일 수 있습니다.

👩 목표

▷ 또래의 큰 영향력 인식하기
▷ 긍정적, 부정적인 또래 압력 구별하기

👷 준비물

▷ 칠판
▷ 각 학생에게 제공할 '또래 아이들의 영향—이야기'(활동지 14)와 연필

👩 진행 절차

1. 칠판에 '또래 압력'이라는 용어를 씁니다. 학생들에게 이 용어가 무엇을 의미하 는지, 그리고 또래 압력이 긍정적인지 부정적인지 또는 둘 다일 수 있는지에 대 해 간략하게 토론하도록 합니다.
2. '또래 아이들의 영향—이야기'(활동지 14)를 학생들에게 나누어 줍니다. 이야기를 읽고 자신이 또래 압력을 받았던 경험들을 생각해 보라고 합니다.
3. 내용 질문과 개인 질문에 대해 토론합니다.

토론

내용 질문

    1. 이 이야기에서 또래 압력이 긍정적이었나요, 부정적이었나요? 긍정적인 또래 압력과 부정적인 또래 압력을 구별하는 것은 무엇이라고 생각하나요?

    2. 왜 마커스가 중학교에 입학했을 때 변했다고 생각하나요?

    3. 마커스가 변해서 예전 친구들과 다시 어울리기 시작할 수 있을 거라고 생각하나요?

    4. 이 이야기에서 묘사된 상황은 흔한가요?

개인 질문

    1. 또래 압력을 받아본 적이 있나요?

    2. 만약 그렇다면 그것은 긍정적이었나요, 부정적이었나요?

    3. 또래 압력을 피하기 위해 무엇을 했나요?

후속 활동

학생들에게 또래 압력을 받은 자신들의 경험에 대한 이야기를 쓰도록 하고, 그것을 다뤘던 방법이 긍정적이었는지 아니면 부정적이었다고 생각하는지도 쓰게 합니다.

또래 아이들의 영향

지시사항: 또래 압력에 대한 이야기를 읽고, 그것에 대한 자신의 경험을 생각해 봅니다.

초등학교 때, 나는 소위 '인기' 그룹에 있었다. 부모님은 내 친구들을 좋아했고, 이들은 모두 좋은 가정에서 태어났다. 나는 성적으로는 항상 좋은 점수를 받았고, 학교에서 한 번도 말썽을 부린 적이 없었다. 학교 밴드에서 연주도 하고 레슨도 받았다. 그리고 레크리에이션센터 축구팀 선수이기도 했다.

하지만 중학교에 입학했을 때 모든 게 달라졌다. 모두 다른 초등학교에서 온 아이들이라서 나는 새로운 친구들을 사귀기 시작했다. 무슨 일이 일어났는지 모르겠지만, 나는 변하기 시작했다. 새로 사귄 친구들 중 몇몇은 초등학교 때와는 정말 많이 달랐다. 이 중 1명은 이미 법을 어겨서 처벌을 받고 있었고, 또 다른 1명은 마약을 한 혐의로 정학 처분을 받았다. 나는 그런 것들이 꽤 바보 같다고 생각했지만, 이에 대해 아무 말도 하지 않았다.

나는 수업 시간에 이야기를 많이 하는 편이었는데, 어느 날 몇몇 친구들이 내가 선생님께 아부한다며 나를 놀리기 시작했다. 나는 그 친구들이 나를 범생이라고 생각하지 않도록, 그 이후로는 수업 시간에 말을 많이 하지 않았다. 그들 중 몇몇은 나쁜 성적을 받은 것을 알고 있었기에, 나는 여전히 열심히 공부했어도 그들에게는 티를 내지 않았다. 하지만 성적표가 나왔을 때, 수업에 예전처럼 잘 참여하지 않아서인지 성적이 좀 떨어졌다. 부모님은 이를 많이 안 좋아하셨다.

나도 담배를 피우기 시작했다. 처음에는 담배의 맛이 별로였지만, 소외되고 싶지 않았다. 어느 날 밤 부모님이 영화를 보러 가셨을 때, 몰래 집에서 나와 파티에 갔다. 거기엔 나보다 나이 많은 형, 누나들도 많았고, 그들은 술도 마셨다. 나는 그들이 내가 어린 중학생처럼 행동한다고 생각하지 않도록 와인을 마셨다.

몇몇 아이들이 내게 오더니 드라이브 가고 싶지 않냐고 물었다. 나는 그러고 싶다고 했고, 우리는 파티에 온 어떤 여자아이의 부모님 차고에 가서 여러 차들 중 하나를 가져갔다. 경찰에게 제지당하기 전까지는 꽤 재밌었다. 운전하던 아이가 면허증이 없어서 우리 모두 경찰서로 가야 했다. 부모님이 경찰서로 오셨고 나는 엄청 혼이 났다. 부

또래 아이들의 영향

모님은 내게 한 달 동안 외출금지령을 내리면서, 지금 친구들이 아닌 다른 친구들과 어울리라고 하셨다. 하지만 그게 그렇게 쉬운 일이 아니라는 것을 부모님은 모르셨던 것 같다. 초등학교 때 친했던 친구들은 내가 중학교 1년 동안 그 아이들과 아무것도 하지 않았기 때문에 지금 나와 어울리고 싶어 하지 않는다. 그들은 모두 스포츠나 다른 학교 활동에 참여했지만, 나는 이 예전 친구들이 새로 사귄 친구들보다 멍청하다는 생각이 들어서 스포츠나 학교 활동을 그만두었다. 솔직히, 농구하는 게 조금 그립기도 했지만, 지금의 친구들이 나를 놀리거나 내가 멋지지 않다고 생각하는 게 싫었다. 내가 뭘 할 수 있을지 정말 모르겠다. 부모님은 그냥, 갑자기 한 그룹에서 다른 그룹으로 다시 돌아갈 수 없다는 것을 이해하지 못하신다. 모든 일이 생각대로 돌아갈 수는 없다.

나는 지금 갇혀 있는 느낌이다. 부모님이 반대하시는 몇 가지를 안 하면 현재의 친구들은 나를 좋아하지 않을 것이다. 하지만 내가 변하지 않는다면, 부모님과 계속 좋지 않은 관계가 될 것이고, 계속해서 외출금지를 당할 것이다. 변화는 그렇게 쉽지 않다. 내가 변한다고 해도, 그동안 나쁜 친구들과 어울렸기 때문에 내 예전 친구들이 나와 사귀어 줄지 모르겠다. 나쁜 친구들과 어울렸다고 해서 그들이 했던 모든 것을 따라 했다는 것은 아니다. 왜냐하면 난 그렇지 않았으니까. 하지만 가끔 담배나 음주는 했다. 살짝 후회가 되지만, 그때는 그 친구들이 나에 대해 안 좋게 생각하는 것이 싫었고, 단지 소외되고 싶지 않았을 뿐이었다.

―마커스, 14세

부모님과 나

사회성 발달 5

🧑‍🏫 발달의 관점

부모와의 상반된 관계는 이 발달 단계의 특징입니다. 청소년들은 여전히 부모에게 의존하고 있지만, 동시에 더 독립적으로 변하는 과정에 있습니다. 이 역설은 그들에게 혼란을 주기 때문에, 친구들이 자신을 너무 의존적이라고 생각하지 않도록 부모와 함께 있고 싶지 않은 것처럼 행동하거나, 부모와 친밀하고 다정하게 지내다가도 어느 순간 화를 내고 증오할 수도 있습니다. 대부분의 아이들이 부모에게 신경을 쓰고 부모의 허락을 원하지만, 겉으로는 부모가 어떻게 생각하는지 신경 쓰지 않는 것처럼 행동할 수 있습니다. 부모와의 관계는 혼란스러운 경향이 있습니다.

🧑‍🏫 목표

▷ 청소년기에 접어들면서 부모와의 관계가 어떻게 변하는지 인식하기
▷ 부모와의 관계에 대한 감정을 명확히 하기

🧑‍🏫 준비물

▷ 칠판
▷ 각 학생에게 제공할 '부모님과 나-이야기'(활동지 15)
▷ 종이와 연필

🧑‍🏫 진행 절차

1. 게시판에 '부모님'이라는 용어를 씁니다. 학생들에게 종이와 연필을 꺼내서 이 용어에 대해 생각할 때 떠오르는 것을 빨리 쓰도록 합니다. 적은 것을 공유하고, 이 나이대의 청소년들에게 부모와의 관계는 긍정적이고, 부정적이고, 혼란스럽고, 갈등적이고, 변화할 수 있다는 사실을 토론합니다. 학생들에게 청소년들은 점점 더 독립하길 원하기 때문에, 어떤 때는 부모님과 가깝고 어떤 때는 멀다고

느끼는 것이 정상이라고 말해 줍니다.

2. '부모님과 나-이야기'(활동지 15)를 나누어 줍니다. 학생들에게 그것을 읽고 부모와의 관계가 이야기에서 묘사된 관계와 어떻게 비교되는지 생각해 보라고 요청합니다.

3. 내용 질문과 개인 질문에 대해 토론합니다.

토론

내용 질문

1. 이 이야기에서 케이티가 경험했던 다양한 감정들은 무엇이었나요?

2. 케이티가 부모님과의 관계에서 겪었던 변화들은 무엇이었나요?

개인 질문

1. 케이티가 느꼈던 것과 비슷한 감정을 가져 본 적이 있나요?

2. 부모님과 좋은 관계를 유지하는 것이 중요하다고 생각하나요? 만약 그렇다면, 부모님과 관계를 좋게 만들기 위해 무엇을 하나요?

3. 자신이 변하고 있고 더 독립적이기를 원한다는 것을 부모님이 이해한다고 생각하나요? 만약 그렇지 않다면, 어떻게 다투지 않고 이 사실을 알릴 수 있을까요?

후속 활동

학생들에게 그들이 어떻게 성장하고 변화하고 있는지 부모님께 편지를 쓰도록 합니다(편지를 보낼지 말지 여부는 선택하도록 합니다). 그들이 부모에 대해 감사하는 점과 그들이 어렸을 때 맺었던 관계에 대해 그리워하는 점들을 표현하도록 제안합니다.

부모님과 나

지시사항: 다음 이야기를 읽어 보세요. 이야기 속의 관계가 자신의 부모님과의 관계와 어떻게 비교되는지 생각해 봅니다.

나는 열네 살이고, 열한 살짜리 남동생이 있다. 우리 가족은 여름에 캠핑 가는 것을 좋아하고, 주말에는 공원에 텐트를 가지고 가서 낚시와 수영을 하면서 시간을 보낸다. 겨울에는 가끔 볼링을 치거나 영화를 보러 가기도 한다.

최근 들어 나는 부모님과 함께 여기저기 같이 다니고 싶지 않아졌다. 부모님은 그걸 이해하지 못하신다. 다른 아이들이 영화관에서 부모님과 함께 있는 나를 본다면 이상하게 생각할 것 같다. 하지만 부모님은 내가 부모님보다 친구들과 함께 가는 게 낫다는 것을 이해하지 못하신다. 부모님은 매번 내게 가족 활동을 강요하고, 그러면 나는 화가 나서 소리 지르고… 죄책감이 느껴진다. 부모님이 상처받을까 봐 부모님과 함께 있는 것이 창피하다고 말할 수는 없지만, 그들은 내가 점점 커 가고 있고 부모님과 함께 있는 것이 멋지지 않다는 것을 깨닫지 못하는 듯하다.

가끔 부모님이 하는 작은 일들마저 나를 짜증 나게 한다. 지난주에는 친구를 집에 초대했는데, 아빠가 농담을 하기 시작해서 너무 당황스러웠다. 아빠는 그게 재미있다고 생각했지만, 나는 속으로 바보 같다고 생각했다. 나는 친구랑 방에서 나갈 수 있도록 핑곗거리를 만들었다. 친구가 자고 간 다음 날 아침, 나는 또다시 당황했다. 엄마가 친구에게 내가 어렸을 때 어땠고, 내가 집을 떠나는 것을 얼마나 두려워했는지에 대해 말하셨기 때문이다. 친구 앞에서 그런 말을 하다니… 믿을 수가 없었다. 엄마는 우리에게 백화점에 함께 가지 않겠냐고 물으셨지만, 나는 친구랑 마저 영화를 볼 거라며 핑계를 댔다.

부모님은 나를 계속 어린아이처럼 대한다. 나는 한 번에 10분 이상 통화를 하면 안 되고, 혹시나 나쁜 사람들을 만날까 봐 친구랑 백화점에 갈 수도 없고, 항상 친구들보다 일찍 집에 들어와야 한다. 지난주에는 학교 댄스파티에 가게 해 줬는데, 파티가 다 끝나지도 않은 10시 30분까지 집에 돌아와야 했다. 우리는 이에 대해 큰 논쟁을 벌였고, 그 과정에서 엄마에게 무례한 말을 해서 외출금지를 당했다. 다음 날 아침, 나는

부모님과 나

내가 한 말에 기분이 좋지 않은 엄마를 위해 아침을 차려 드렸다. 그러자 엄마는 모든 것이 괜찮다며 나를 또 어린아이처럼 껴안으려 하셨다. 나는 그런 게 싫어서 엄마를 밀쳐 버리고는, 나를 좀 내버려 두라고 하면서 방으로 들어왔다.

이제는 항상 이런 패턴이다. 부모님은 내가 무엇을 하도록 아무것도 허락해 주지 않으시니 나는 계속 화만 나고, 그 화로 인해 의도치 않은 말을 하게 되고… 그러면 또 내 자신에게 화가 나고… 하지만 공공장소에 부모님과 함께 있고 싶지 않다. 상황이 예전처럼 될 수 없다는 것을 부모님이 이해해 주셨으면 좋겠다. 부모님을 정말 사랑하지만, 내 또래 아이들이 하는 일을 친구들과 하고 싶을 뿐이다. 부모님이 단지 그것만 좀 이해해 주셨으면 좋겠다.

―케이티, 14세

많은 선택권

🧑‍💼 발달의 관점

이 발달 단계에서 청소년들이 내리기 시작하는 일부 결정에 대한 복잡성을 고려할 때, 어떻게 선택권을 만드는지 이해하는 것은 중요합니다. 청소년들은 아직 추상적인 사고 기술을 완전히 개발하지 못했기 때문에, 둘 중 하나로만 생각하는 경향, 즉 이분법적 사고를 하는 경향이 있습니다. 청소년들은 때때로 어떤 선택을 해야 할지 매우 어려워하고 좌절할 수 있기 때문에, 이들이 다양한 선택권, 가능성을 생각해 내는 능력을 개발할 수 있도록 도와줘야 합니다.

👩‍💼 목표

▷ 의사결정 시 사용할 수 있는 선택권들을 알아보기

👷 준비물

▷ 다음 문장이 적혀 있는 단어 카드 10개(카드당 한 문장)

- 항상 숙제를 한다.
- 부모님과 잘 지내고 있다.
- 친구들과 잘 지낸다.
- 모든 스포츠에 참여한다.
- 담배를 피우거나 술을 자주 마신다.
- 규칙을 일관되게 따른다.
- 항상 책임감 있고 신뢰할 수 있다.
- 건강을 유지하기 위한 일을 한다.
- 항상 법을 준수한다.
- 항상 부모님께 솔직하다.

▷ 종이와 연필

진행 절차

1. 학생들에게 '선택권'이라는 단어의 의미에 대해 토론하도록 요청하면서 수업을 시작합니다. 사람들은 때때로 자신이 선택권이 없다고 생각하고, 때로는 존재하는 모든 선택권을 인정하지 않음으로써 자신을 제한한다는 사실에 대하여 토론합니다.

2. 이번 수업의 목적은 다양한 선택권을 만드는 것에 대해 더 배우기 위한 것이라고 설명합니다. 학생들을 4명씩 하나의 그룹으로 만들고 각 그룹별로 하나 이상의 단어 카드를 선택하도록 합니다(선택한 숫자는 그룹 크기에 따라 다릅니다). 그룹 구성원은 카드의 문장을 읽고 다음을 수행하여 가능한 한 많은 선택권들을 개별적으로 만들어 봅니다.

   ▶ 종이의 중앙에 선을 그립니다.

   ▶ 선의 한쪽 끝에 카드에 적힌 문장을 적습니다.
   다른 쪽 끝에는 그 반대되는 문장을 적습니다(예: 모든 스포츠에 참여한다, 어떤 스포츠에도 참여하지 않는다).

   ▶ 가능한 한 많은 의견을 브레인스토밍하여 선에 적습니다.
   각 개인이 자신의 선택권들을 생각한 후 그룹에서 결과를 공유합니다.

3. 각 그룹이 문장과 관련된 선택권을 설명하는 짧은 상황극을 구성하도록 합니다. 모든 그룹이 전체 그룹에게 자신의 상황극을 발표할 시간을 줍니다.

4. 내용 질문과 개인 질문에 대해 토론합니다.

토론

내용 질문

1. 선택권들을 생각하는 것이 어려웠나요, 아니면 쉬웠나요? 그룹 내 다른 사람들과 같은 선택권을 가지고 있었나요, 아니면 다른 가능성을 생각해 냈나요?

2. 우리가 하는 모든 일에는 항상 선택권이 있다고 생각하나요? 왜 그런가요? 혹은 왜 그렇지 않은가요?

개인 질문

1. 정기적으로 자신의 선택권을 고려하나요?

2. 만약 선택권들을 다 고려한다면, 자신은 더 나은 결정을 내릴 수 있다고 생각하나요?

3. 여러 선택권들이 있고 그중에서 선택할 수 있다는 것을 알 때, 실제로 더 많은 자유가 있다고 느끼나요?

4. 어떤 선택을 할지 결정하는 데 좌절감을 느껴 본 적 있나요? 그렇다면 이 좌절감을 어떻게 극복하고 선택에 도달하나요?

후속 활동

학생들에게 지난주에 그들이 했던 두 가지 결정을 생각해 보고, 각 결정에 대하여 세 가지 이상의 선택권들을 나열하도록 합니다.

인지 발달 2 합리적인 사고방식

발달의 관점

어린 청소년들은 감정이 변덕스러운 특징이 있어서, 사물을 균형 있게 보는 데에 많은 애를 씁니다. 청소년의 이러한 감정적 특징으로 인해 명확하고 이성적으로 생각하는 능력이 무색해지는 것은 매우 흔한 일이며, 이것은 결과적으로 효과적인 문제해결 능력에도 부정적인 영향을 미칩니다.

목표

▷ 효과적인 문제해결을 위한 합리적 사고 기술 개발하기
▷ 보다 효과적인 문제해결 기술 개발하기

준비물

▷ 2쌍의 안경: 하나는 검은 종이로 덮인 렌즈, 다른 하나는 노란 종이로 덮인 렌즈
▷ 2개의 단어 카드(각각 다음 글 중 하나를 사용합니다):
　－만약 당신이 어두운 렌즈를 끼고 있다면, 당신은 모든 것에 부정적입니다.
　　당신은 파티에 가고 싶지 않을 것입니다. 그것은 어리석고 지루할 것이고 아무도 당신에게 관심을 가지거나 무언가를 하겠냐고 묻지 않을 것이기 때문이죠. 당신은 지금까지 겪었던 것 중에 가장 최악의 시간이 될 거라고 예상합니다.
　－만약 당신이 밝은 렌즈를 끼고 있다면, 당신은 모든 것에 긍정적입니다.
　　당신은 파티에 가는 것이 정말 기대되고, 최고의 파티가 될 거라고 생각합니다. 밤새 무엇을 할지는 모르지만, 그것이 무엇이든 좋아할 것입니다. 당신은 이 파티가 아주 멋질 거라고 예상합니다.
▷ 다음의 내용이 인쇄된 큰 종이 1장
　－터널 시야: 문제의 작은 부분만을 봅니다.
　－과잉일반화/끔찍하게 여기기: 상황을 너무 부풀리고, 실제보다 더 안 좋게 만들고, 최악의 상황을 가정합니다.

　　　　-자기비하: 자신을 깎아내리고 객관적이지 않으면서 모든 것에 대해 자신의 책임이라고 가정합니다.

　　　　-독심술: 실제로 확인하지 않고 다른 사람이 무슨 생각을 하는지 안다고 가정합니다.

　　▷ 각 학생에게 제공할 '합리적인 사고방식-활동지'(활동지 16)와 연필

진행 절차

1. 2명의 지원자를 뽑으면서 수업을 시작합니다. 각각의 지원자에게 역할을 설명하는 알맞은 단어 카드를 주고, 그 카드에 맞는 색깔의 안경을 쓰게 합니다. 다른 학생들에게는 지원자들이 반 친구 몇 명과 함께 파티에 가서 밤새 노는 상황에 대한 그들의 관점을 경청하게 합니다. 두 지원자가 묘사를 다 끝낸 후에, 두 안경의 차이점에 대해 토론합니다. 어두운 색의 안경을 낀 사람은 매사에 암울하고 비관적이어서 모든 것을 부정적인 시각으로 바라본다는 것을 강조합니다. 반면에, 밝은 색의 안경을 낀 사람은 긍정적인 면을 보고 모든 것에 대해 낙관적인 경향이 있습니다. 학생들에게 이러한 두 가지 관점에서 상황을 살펴본 경험을 생각해 보고, 그 관점이 결과에 어떤 영향을 미쳤는지 경험들을 공유하도록 합니다.

2. 비합리적인 사고방식의 용어와 정의가 적혀 있는 종이를 게시합니다(터널 시야, 과잉일반화/끔찍하게 여기기, 자기비하, 독심술). 그리고 각 용어의 의미에 대해 토론합니다. 사람들이 지나치게 감정적일 때, 종종 이러한 비합리적인 사고방식을 따른다고 설명합니다. 학생들에게 이러한 유형의 예들을 제시하고, 문제해결에 미치는 영향에 대해 토론하도록 합니다.

3. 각 학생에게 '합리적인 사고방식-활동지'(활동지 16)를 나누어 줍니다. 학생들을 2명씩 짝지어 활동지에 있는 질문에 응답하도록 합니다. 모두 끝난 후에는 다른 사람들과 응답을 공유하도록 합니다.

4. 내용 질문과 개인 질문에 대해 토론합니다.

토론

내용 질문

1. 비합리적인 사고방식들을 찾는 것이 어려웠나요?

2. 좀 더 합리적으로 생각하려면 어떻게 해야 하나요?

3. 비합리적인 생각이 자신의 감정과 문제를 해결하거나 사람들과 잘 지내는 능력에 어떤 영향을 준다고 생각하나요?

개인 질문

1. 자신은 합리적으로 생각하는 사람인가요, 아니면 비합리적으로 생각하는 사람인가요?
2. 만약 자신이 비합리적으로 생각하는 사람이라면, 가장 문제가 되는 방식들은 무엇인가요?
3. 생각하는 방식에 대해 무엇을 바꾸고 싶나요? 어떻게 할 수 있을까요?

후속 활동

학생들에게 비합리적인 사고방식을 좀 더 합리적으로 바꿀 수 있도록 연습하고, 이것이 문제를 해결하거나 사람들과 잘 지내는 능력에 어떻게 영향을 미치는지에 대해 짧은 보고서를 작성하도록 합니다.

합리적인 사고방식

이름: _____ 날짜: _____

지시사항: 다음 예를 읽어 보고, 각 예시들에 대해 파트너와 토론한 뒤 질문에 대한 답변을 작성합니다.

예시 1

키샤는 라타샤에게 화가 났다. 왜냐하면 라타샤가 자신에 대해 안 좋은 말을 하고 다녔다는 것을 들었기 때문이다. 키샤는 라타샤와 다시는 친구가 될 수 없을 거라고 생각했다.

키샤는 어떤 비합리적인 사고방식을 보이고 있나요? _____

이것이 라타샤와 다시 잘 지내는 데에 어떻게 영향을 미칠 것 같나요? _____

_____

좀 더 합리적으로 생각하기 위해서 키샤는 자신에게 뭐라고 말할 수 있을까요? _____

_____

예시 2

헤더는 부모님과 말다툼을 했다. 부모님은 헤더에게 한 달 동안 외출금지령을 내릴 거라고 말했다. 헤더는 너무 화가 나서 문을 주먹으로 때렸다. 그리고 가장 친한 친구에게 이보다 더 나쁠 수는 없다고 말했다.

헤더는 어떤 비합리적인 사고방식을 보이고 있나요? _____

이것이 행복해지는 데에 어떻게 영향을 미칠 것 같나요? _____

_____

좀 더 합리적으로 생각하기 위해서 헤더는 자신에게 뭐라고 말할 수 있을까요? _____

_____

합리적인 사고방식

14세

예시 3

블레이크와 동생은 누가 먼저 새로운 게임기를 사용하는지에 대해 논쟁하고 있었다. 블레이크는 아빠가 동생이 먼저 게임할 수 있다고 말했을 때 화가 났다. 블레이크는 아빠가 항상 동생을 편애하고, 자신에게는 아무것도 허락하지 않는다고 비난했다.

블레이크는 어떤 비합리적인 사고방식을 보이고 있나요? _____

이것이 아버지와 지내는 데에 어떻게 영향을 미칠 것 같나요? _____
_____

좀 더 합리적으로 생각하기 위해서 블레이크는 자신에게 뭐라고 말할 수 있을까요? _____
_____

예시 4

제이콥은 매기를 좋아한다. 가장 친한 친구에게 이 사실을 말했는데, 그 친구는 그것을 매기에게 말해 버렸다.

제이콥은 이제 학교에 있는 모든 사람들이 알게 될 것이고, 매기는 아마도 자신을 이상하다고 생각할 것이기 때문에 자신과 말을 하지 않을 거라고 걱정했다.

제이콥은 어떤 비합리적인 사고방식을 보이고 있나요? _____

이것이 매기와 친구를 대면하는 데에 어떻게 영향을 미칠 것 같나요? _____
_____

좀 더 합리적으로 생각하기 위해서 제이콥은 자신에게 뭐라고 말할 수 있을까요? _____
_____

합리적인 사고방식

예시 5

아만다는 시험을 위해 열심히 공부했지만, 여전히 낮은 점수를 받았다. 아만다는 친구에게 자신이 그 수업에서 결코 잘하지 못할 거라며, 모두가 자신을 바보라고 생각한다고 말했다.

아만다는 어떤 비합리적인 사고방식을 보이고 있나요? _____

이것은 아만다가 자신에 대해 갖는 생각과 수업에서 잘할 수 있는지에 대해 어떻게 영향을 미칠 것 같나요? _____

좀 더 합리적으로 생각하기 위해서 아만다는 자신에게 뭐라고 말할 수 있을까요? _____
_____

예시 6

리카르도는 수학 시험에서 20점을 받았다. 그는 그것에 대해 정말 화가 났고, 가장 친한 친구에게 자신은 너무 멍청하기 때문에 아마도 수업에서 낙제할 거라고 말했다.

리카르도는 어떤 비합리적인 사고방식을 보이고 있나요? _____

이것이 수학 성적에 어떻게 영향을 미칠 것 같나요? _____
_____

좀 더 합리적으로 생각하기 위해서 리카르도는 자신에게 뭐라고 말할 수 있을까요? _____
_____

다양한 관점에서 보기

🔍 발달의 관점

청소년들은 여전히 매우 구체적으로 생각하기 때문에, 다양한 관점에서 보고 사물을 개념화하기가 어렵습니다. 결과적으로, 그들은 상황을 객관화해서 보는 능력이 부족해서 상황을 과장하기 쉽습니다. 청소년들이 충동적으로 행동할 경우, 지나치게 일반화하고 상황을 실제보다 더 안 좋다고 생각하려는 경향은 부정적인 결과를 초래할 수 있습니다.

🎯 목표

▷ 문제를 다양한 관점으로 보는 기술 개발하기

🎓 준비물

▷ 종이와 연필
▷ 3명으로 구성된 각 그룹에게 제공할 신문지 1장, 가위 1개
▷ 마스킹 테이프 1개

💬 진행 절차

1. 학생들에게 예전에 일어난 안 좋은 일에 대해 생각해 보라고 하며 수업을 시작합니다. 즉, 너무 안 좋아서 견디기 힘들었거나 일어날 수 있는 것 중에 가장 최악이었던 일을 생각해 보게 합니다. 학생들에게 그들이 결국 상황에 대해 다르게 느끼게 됐는지, 만약 그렇다면 그 이유에 대해 생각해 보라고 합니다. 필요한 경우 예를 공유합니다(예를 들어, 처음에는 다른 곳으로 이사를 해야 해서 좌절했지만, 결국 새로운 곳에서 새로운 친구를 사귀게 될지도 모른다는 것을 깨달았기 때문에 화가 덜 났다). 학생이 예를 찾는 대로 공유하도록 합니다.

2. 학생들에게 연필과 종이를 꺼내라고 하고 3명씩 한 그룹으로 나눈 뒤 각 그룹에게 신문, 가위, 마스킹 테이프 90cm 정도를 나누어 줍니다.

3. 각 그룹이 할 일은 신문을 읽고 대부분의 사람들이 충격적이고, 속상하고, 슬프다고 느낄 만한 여섯 가지 사건에 대한 기사를 찾는 것이라고 설명합니다. 그들에게 이 기사들을 오려 내게 합니다. 그런 다음, 각 그룹에게 마스킹 테이프를 바닥에 붙이고 한쪽 끝을 '가장 끔찍한 것'으로 지정하고 다른 쪽 끝을 '가장 덜 끔찍한 것'으로 지정하도록 합니다. 각 그룹 내에서 학생들이 함께 작업하여 마스킹 테이프의 각 끝에 기사 하나씩을 배치하도록 합니다. 그리고 나머지 기사들은 가장 끔찍한 것에서 가장 덜 끔찍한 것의 중간 어딘가에 배치하도록 합니다.

4. 모든 기사가 연속선에 놓인 후, 그룹의 다른 학생들과 공유할 수 있는 자신의 현재 생활 문제를 한 명씩 이야기합니다. 학생들에게 그들의 그룹과 함께 이 문제를 공유하고, 이 문제들을 연속선에 어떻게 배치할 수 있는지 토론하게 합니다.

5. 내용 질문과 개인 질문에 대해 토론합니다.

🧑‍🏫 토론

내용 질문

1. 신문기사를 여러 관점에서 바라보고 선 위에 배치하려고 할 때 무엇을 경험했나요?

2. 일상에서 경험하는 실제 문제들을 다룰 때 배치하는 것이 더 쉬웠나요, 아니면 더 어려웠나요?

3. 문제를 다양한 관점에서 보는 것이 중요하다고 생각하나요? 왜 그런가요? 혹은 왜 그렇지 않은가요?

4. 문제를 다양한 관점에서 보지 않는다면, 어떤 부정적인 결과들이 있을까요?

개인 질문

1. 보통 문제들을 다양한 관점에서 바라본다고 생각하나요, 아니면 그것들 모두가 형편없다고 생각하는 경향이 있나요?

2. 만약 문제를 다양한 관점에서 볼 수 없다면, 이것은 자신이 어떻게 느끼거나 무엇을 하는지에 어떤 영향을 주나요?

3. 이 수업에서 배운 개념을 일상생활에서 사용해 볼 것이라고 생각하나요?

학생들을 소그룹으로 나누어, 문제를 다양한 관점에서 바라보는 것의 장점을 다른 사람들에게 전달하는 광고를 만들어 보도록 합니다. 그들의 결과를 전체 그룹에 발표하도록 시간을 줍니다.

14세

결과적으로

발달의 관점

자기중심성, 자신이 천하무적이라고 생각하는 경향, 현재보다 먼 미래에 대해 생각하지 못하는 인지적 한계로 인해, 어린 청소년들은 결정에 따른 결과를 파악하는 데 어려움을 겪습니다. 청소년들이 내리는 결정 중 일부는 장기적으로 부정적인 결과를 초래할 수 있기 때문에, 그들이 의사결정을 하는 데 영향을 줄 수 있는 능력을 개발하도록 돕는 것이 중요합니다.

목표

▷ 결정에 따르는 결과들을 파악하기

준비물

▷ 오버헤드 프로젝터(OHP)

▷ 각 학생에게 제공할 '결과적으로−활동지'(활동지 17), 연필

▷ 유리로 된 냄비, 여러 색깔의 식용색소, 발포 비타민(흰색), 식물성 기름 몇 방울

진행 절차

1. (오버헤드 프로젝터를 켠 상태에서) 물이 채워진 유리 냄비를 오버헤드 프로젝터 위에 올려 두고 수업을 시작합니다. 기름 몇 방울을 물에 넣고 그것을 섞으면서 학생들에게 관찰해 보라고 합니다. 그런 다음, 한 가지 색상의 식용색소 몇 방울을 먼저 넣고, 다른 색소 몇 방울과 함께 발포 비타민을 넣습니다. 그런 다음, 다른 색소와 기름을 조금 더 넣고, 혼합물을 섞습니다.

2. 학생들에게 기름에 식용색소를 첨가하고 발포 비타민을 떨어뜨리고 물을 섞으면서, 식용색소를 더 넣었을 때 어떤 일이 일어났는지에 대해 의견을 말하도록 합니다. 결과를 만들어 내는 행동의 개념을 토론하고 학생들에게 자신이 취한 행동과 그 결과의 몇 가지 예를 공유하도록 합니다. 행동의 결과는 긍정적일 수

도, 부정적일 수도 있고 어쩌면 둘 다일 수도 있다는 것을 강조합니다. 학생들이 결과를 파악하는 것이 왜 중요한지에 대해 간략한 토론을 하도록 유도합니다.

3. 학생들에게 '결과적으로–활동지'(활동지 17)를 나누어 줍니다. 다 작성한 후 그들의 답변에 대해 토론하도록 합니다.

4. 내용 질문과 개인 질문에 대해 토론합니다.

토론

내용 질문

1. 활동지에서 보여 주는 행동들에 따라 일어날 수 있는 결과들을 파악하는 것이 어려웠나요?

2. 대개 긍정적인 결과를 확인했나요, 부정적인 결과를 확인했나요?

3. 대부분의 또래 아이들이 행동을 취하기 전에 그것에 따른 결과들을 생각하나요? 왜 그런가요? 혹은 왜 그렇지 않은가요?

개인 질문

1. 행동을 취하기 전에 그것에 따른 결과들을 생각하나요?

2. 결과에 대해 지금 생각하지 않지만, 만약 그 결과들에 대해 고려했다면 그것이 삶에 어떤 영향을 미칠 것이라고 생각하나요?

3. 자신이 결과를 생각하는 정도에 대해 만족하나요? 만약 그렇지 않다면, 이것을 바꾸기 위해 무엇을 할 수 있나요?

후속 활동

학생들에게 다음 주 동안 자신들이 하는 행동에 따라 일어날 수 있는 결과들을 예측하도록 합니다. 주말에 일어날 수 있는 몇 가지 예를 선택하고, 그것에 대한 행동과 결과를 그리며 결과를 예측하는 것이 도움이 되었는지 설명하는 짧은 글을 쓰도록 합니다.

결과적으로

이름: _____   날짜: _____

지시사항: 각 상황을 읽고, 그것에 따르는 결과들이 무엇이라고 생각하는지 파악해 봅니다.

1. 페드로는 방과 후에 수학 시험공부를 하는 대신 농구를 했다.

   예상되는 결과: _____

   _____

   _____

2. 스테이시와 친구는 파티에 초대되었는데, 그곳에서는 나이가 더 많은 아이들이 맥주를 마시고 있었다. 스테이시와 친구는 그들이 권하는 맥주를 받아 들었다.

   예상되는 결과: _____

   _____

   _____

3. 잭슨은 새로운 농구 코치를 좋아하지 않았다. 코치가 연습을 매우 강도 높게 시키고, 소리를 너무 지른다고 생각했다. 그래서 그만두었다.

   예상되는 결과: _____

   _____

   _____

결과적으로

4. 영화를 보고 있는 알렉스는 10시까지 집에 오기로 되어 있었지만, 영화의 마지막 부분을 놓치고 싶지 않았다. 집에 전화해서 영화를 끝까지 다 보고 간다고 알리지 않고, 45분 늦게 집에 갔다.

   예상되는 결과: _____

   _____

   _____

5. 렌더는 친구 두 명이 물건을 훔치는 것을 보고 그들을 신고했다.

   예상되는 결과: _____

   _____

   _____

6. 린지는 어머니의 지갑에서 돈을 훔쳤다.

   예상되는 결과: _____

   _____

   _____

7. 세스는 형에게 담배를 몇 개비 받아 들고 집 밖으로 나가서 담배를 피웠다.

   예상되는 결과: _____

   _____

   _____

결과적으로

8. 마리아는 친구들에게 숙제를 끝낼 때까지 방과 후에 놀 수 없다고 말했다.

예상되는 결과: ＿＿＿＿＿＿＿＿＿＿＿＿＿＿＿＿＿＿＿＿＿

＿＿＿＿＿＿＿＿＿＿＿＿＿＿＿＿＿＿＿＿＿＿＿＿＿

＿＿＿＿＿＿＿＿＿＿＿＿＿＿＿＿＿＿＿＿＿＿＿＿＿

9. 미셸은 엄마에게 친구 집에 간다고 말했지만, 남자 친구 집에 갔다.

예상되는 결과: ＿＿＿＿＿＿＿＿＿＿＿＿＿＿＿＿＿＿＿＿＿

＿＿＿＿＿＿＿＿＿＿＿＿＿＿＿＿＿＿＿＿＿＿＿＿＿

＿＿＿＿＿＿＿＿＿＿＿＿＿＿＿＿＿＿＿＿＿＿＿＿＿

10. 조는 엄마가 전화를 걸어 주말에 놀러 오라고 했지만, 새아빠가 마음에 들지 않았다. 그 래서 토요일 아침에 농구 연습을 해서 못 간다고 거짓말을 했다.

예상되는 결과: ＿＿＿＿＿＿＿＿＿＿＿＿＿＿＿＿＿＿＿＿＿

＿＿＿＿＿＿＿＿＿＿＿＿＿＿＿＿＿＿＿＿＿＿＿＿＿

＿＿＿＿＿＿＿＿＿＿＿＿＿＿＿＿＿＿＿＿＿＿＿＿＿

 결과를 예상하기

14세

🧑‍🏫 발달의 관점

청소년들의 시간 관념은 매우 직관적이기 때문에, 이들은 행동에 따르는 결과를 예측하는 데 어려움을 겪습니다. 심지어 미리 예측할 수 있다고 해도, 자신이 천하무적이라고 느끼기 때문에 자신에게 나쁜 일이 일어날 수 있다는 사실을 여전히 받아들일 수 없을지도 모릅니다. 한편, 어떤 청소년들은 일어날 수 있는 결과에 대해 너무 많이 생각함으로써 불안감을 느끼고 항상 최악의 사태가 일어날 것이라고 가정하는데, 이는 그들이 적절한 위험을 감수하는 것을 막습니다. 행동에 따르는 결과를 현실적으로 평가하는 것은 청소년들에게 중요한 일입니다.

👩‍🏫 목표

▷ 현실적인 결과와 비현실적인 결과를 구별하는 방법 배우기

🧑‍🔧 준비물

▷ 각 파트너에게 제공할 '결과를 예상하기-시나리오'(활동지 18)와 '결과를 예상하기-상황'(활동지 19)

▷ 연필

👩‍🏫 진행 절차

1. 현재 또는 과거의 정보를 사용하여 미래에 일어날 수 있는 것을 추측하고 결과적으로 예측한다는 것이 무엇인지 그 개념에 대해 간략한 토론을 하며 수업을 시작합니다. 다음과 같은 예를 사용합니다.

    자신이 부모님이 별로 마음에 들어 하지 않는 두 아이와 어울리는 것을 좋아한다고 가정해 봅니다. 이 아이들과 함께 놀아도 되는지 물어볼 때마다, 부모님은 안 된다고 말해 왔습니다. 오늘 그 아이들과 무언가를 하고 싶지만, 부모님이 안 된다고 할 거라고 매우 확신하고 있습니다.

179

이 예에서 나온 학생은 자신의 예상을 어떤 것에 근거했는지 토론합니다. 추론에 관련된 요소를 강조하는데, 즉 이 학생은 비슷한 상황에 대한 부모의 과거 반응을 살펴보았다는 것입니다. 이번에는 부모가 마음을 바꿔서 허락할 수도 있지만 학생은 그 가능성을 현실적으로 보았습니다. 사람들이 이런 요인들을 현실적으로 평가하지 않을 경우, 부정적인 결과를 간과하거나 긍정적인 결과를 이끌어낼 수 있는 과거의 성과 또는 행동을 인정하지 않는다는 사실에 대해 토론합니다. 예를 들어, 어떤 학생이 이전에 한 번도 실패한 적이 없었고 항상 열심히 공부해 왔더라도 그는 자신이 시험에 실패할 거라고 가정할 수 있습니다. 일어날 수 있는 긍정적인 결과를 무시하면 불안을 겪게 되어 적절한 위험을 감수하지 못할 수 있습니다.

2. 2명씩 짝을 짓고 한 팀당 '결과를 예상하기-시나리오'(활동지 18)를 나누어 줍니다. 시나리오에 제시된 정보를 짝과 함께 읽습니다. 그런 다음, '결과를 예상하기-상황'(활동지 19)을 하나씩 나누어 줍니다. 학생들에게 상황을 읽고 그 상황에 대한 정보와 해당 시나리오를 바탕으로 일어날 수 있는 결과들을 예측하도록 요청합니다.

3. 학생들이 활동지를 완성하면 각 팀이 다른 팀을 찾아서 서로 그들의 답을 토론하게 합니다.

4. 내용 질문과 개인 질문에 대해 토론합니다.

토론

내용 질문

1. 이 시나리오에서 결과를 예측하는 것이 얼마나 어려웠나요? 결정을 내릴 때 어떤 요인을 고려했나요?

2. 결과를 예측할 때 부정적인 요소를 무시하는 것만큼 긍정적인 요소를 무시하는 것이 일반적이라고 생각하나요? 그 이유는 무엇인가요?

개인 질문

1. 상황의 결과를 예측하려고 할 때 어떤 요소들을 고려하나요? 잘 알고 내린 결정이 되는 데에 이러한 요소들이 도움이 되나요?

2. 이전 상황에서 몇 가지 긍정적인 요소를 무시했기 때문에 결과가 예상한 것보다 훨씬 나빴던 적이 있었나요?

3. 이전 상황에서 몇 가지 부정적인 요소를 무시했기 때문에 결과가 예상한 것보다 훨씬 나았던 적이 있었나요?

4. 이 수업에서 배운 것 중 앞으로 도움이 될 만한 내용이 있나요?

후속 활동

학생들에게 다음 한 주 동안 자신의 행동에 따르는 결과들을 기록하게 합니다. 결과에 영향을 미쳤던 정보들을 정확하게 해석했는지 여부를 나타내는 기록을 적도록 요청합니다.

결과를 예상하기

지시사항: 다음의 시나리오를 읽고 짝과 토론해 봅니다.

1. 제시는 좋은 학생이다. 항상 시험공부를 하고 제시간에 숙제를 제출한다.

2. 로셸의 어머니는 매우 엄격하다. 로셸은 보통 어머니가 자신이 하고 싶은 일을 못하게 하는 것을 알기 때문에 어디 갈 때 어머니에게 거짓말을 한다. 그리고 가끔씩 그것이 먹힌다.

3. 리카르도는 지난 다섯 번의 경기에서 열 번의 자유투 기회가 주어졌다. 하지만 단 두 번만 성공했다.

4. 브룩은 매우 재능 있는 피겨스케이팅 선수로서, 지난 2년 동안 피켜스케이팅에서 1위를 차지했다.

5. 홀리는 항상 친구를 쉽게 사귈 수 있었다. 홀리는 외향적이고 친근하며 유머 감각이 좋다.

6. 벤의 부모님은 벤이 여러 번 거짓말을 했다는 것을 알았고, 벤은 거짓말을 할 때마다 며칠 동안 외출금지를 당했다.

7. 토니는 일 년 내내 교장 선생님과 문제를 겪고 있다. 토니는 교장 선생님이 자신을 나쁘게 대하신다고 생각한다.

8. 제니와 친구는 지난주에 쇼핑을 갔을 때 상점에서 귀걸이를 훔쳤다. 아무에게도 들키지 않았다.

9. 케이트와 사촌은 심심하다는 이유로 한밤중에 집에서 몰래 나와 친구 집으로 놀러 갔다. 케이트의 어머니는 다음 날 그것에 대해 아무 말도 하지 않았다.

10. 아담은 숙제를 제출하지 않았고, 선생님은 아담의 변명을 들으려 하지 않았다. 선생님은 아담에게 감점을 주었다.

결과를 예상하기

14세

지시사항: 각 상황을 읽은 뒤, 해당 시나리오를 되돌아보고 일어날 수 있는 모든 결과를 예측하기 위해 '단서'를 구성합니다. 결과를 예측한 후 그 예측을 뒷받침할 근거를 나열합니다.

1. 제시는 내일 사회 시험을 보는데, 너무 긴장해서 잠을 잘 수 없다. 제시는 자신이 나쁜 성적을 받을 것이라고 확신한다.

    예상되는 결과: _____

    예측 근거: _____

2. 로셀은 쇼핑몰에 가서 어머니가 별로 좋아하지 않는 아이들을 만나고 싶어 한다. 어머니가 잠깐 외출하셨을 때 빠져나갈 수 있기 때문에 어머니에게는 말하지 않을 작정이다.

    예상되는 결과: _____

    예측 근거: _____

3. 리카르도는 상대방의 반칙으로 인해 자유투를 하게 된다. 팀 승리는 그가 자유투를 성공하는지에 달려 있다.

    예상되는 결과: _____

    예측 근거: _____

4. 브룩은 이번 성과에 대해 염려하지만, 자신이 이전에 계속 좋은 성과를 내고 있었다는 것을 상기시킨다.

    예상되는 결과: _____

    예측 근거: _____

5. 홀리는 가족이 새 집으로 이사하기 때문에 전학을 가야 한다는 사실을 알게 되어 매우 화가 났다. 홀리는 새로운 친구를 사귀지 못할 거라고 확신한다.

    예상되는 결과: _____

    예측 근거: _____

결과를 예상하기

6. 벤은 세 과목을 낙제하는 바람에 집으로 부쳐진 성적표를 부모님이 보기 전에 먼저 받으려고 집으로 갔다. 벤은 부모님이 성적을 보는 것을 막을 수 있다고 생각한다.

　　예상되는 결과: ＿＿＿＿＿＿＿＿＿＿＿＿＿＿＿＿＿＿＿＿＿＿＿＿＿＿＿＿＿＿＿＿

　　예측 근거: ＿＿＿＿＿＿＿＿＿＿＿＿＿＿＿＿＿＿＿＿＿＿＿＿＿＿＿＿＿＿＿＿＿＿

7. 토니는 수업에 몇 분 늦었는데, 선생님은 토니를 바로 교장 선생님에게 보냈다.

　　예상되는 결과: ＿＿＿＿＿＿＿＿＿＿＿＿＿＿＿＿＿＿＿＿＿＿＿＿＿＿＿＿＿＿＿＿

　　예측 근거: ＿＿＿＿＿＿＿＿＿＿＿＿＿＿＿＿＿＿＿＿＿＿＿＿＿＿＿＿＿＿＿＿＿＿

8. 제니와 친구는 내일 쇼핑을 갈 예정이다. 이들은 귀걸이를 훔친 상점에 가서 귀걸이와 어울리는 목걸이를 찾을 수 있는지 알아볼 계획이다.

　　예상되는 결과: ＿＿＿＿＿＿＿＿＿＿＿＿＿＿＿＿＿＿＿＿＿＿＿＿＿＿＿＿＿＿＿＿

　　예측 근거: ＿＿＿＿＿＿＿＿＿＿＿＿＿＿＿＿＿＿＿＿＿＿＿＿＿＿＿＿＿＿＿＿＿＿

9. 케이트와 사촌은 오늘 밤 집에서 몰래 나와 동네를 돌아다닐 계획이다.

　　예상되는 결과: ＿＿＿＿＿＿＿＿＿＿＿＿＿＿＿＿＿＿＿＿＿＿＿＿＿＿＿＿＿＿＿＿

　　예측 근거: ＿＿＿＿＿＿＿＿＿＿＿＿＿＿＿＿＿＿＿＿＿＿＿＿＿＿＿＿＿＿＿＿＿＿

10. 아담은 숙제하는 것을 깜빡해서 선생님께 말씀드릴 변명을 만들었다.

　　예상되는 결과: ＿＿＿＿＿＿＿＿＿＿＿＿＿＿＿＿＿＿＿＿＿＿＿＿＿＿＿＿＿＿＿＿

　　예측 근거: ＿＿＿＿＿＿＿＿＿＿＿＿＿＿＿＿＿＿＿＿＿＿＿＿＿＿＿＿＿＿＿＿＿＿

REBT 기반 인성교육 프로그램

자기 발달
〈활동〉
1. 카멜레온
2. 자기중심적인 태도
3. 자의식
4. 나에게 가치 있는 것은?
5. 나의 정체성 찾기

정서 발달
〈활동〉
1. 요요처럼
2. 도미노 효과
3. 잦은 분노
4. 감정의 가면
5. 고통을 줄이는 법

사회성 발달
〈활동〉
1. 좋은 친구라면 이래야 해
2. 이성 친구들
3. 자신만의 길을 가기
4. 또래 압력에 저항하는 법
5. 남들은 나를 지배할 수 없어

인지 발달
〈활동〉
1. 두드러진 솔루션
2. 행동하기 전에 생각하기
3. 신념과 행동
4. 어려운 결정들
5. 해결하자!

자기 발달 1 카멜레온

👤 발달의 관점

우리는 청소년들을 카멜레온으로 묘사할 수 있습니다. 왜냐하면 청소년들은 자기 발달 과정에서 생각, 느낌, 행동을 새롭고 다양한 방식으로 시도하기 때문입니다. 성장의 이러한 측면은 그들에게 혼란을 줄 수 있기 때문에, '카멜레온 같은' 과정을 이해하도록 도와줌으로써 이 기간을 잘 보내도록 하는 것이 중요합니다.

👩 목표

▷ 사람의 생각, 느낌, 행동 방식의 빈번한 변화에 대한 이해력 기르기
▷ 초기 청소년기의 변화와 관련된 감정을 식별하기

👷 준비물

▷ 카멜레온(가능한 경우)
▷ 잡지, 가위, 풀, 마커, 실, 색 도화지, 천 조각, 버튼, 빨대, 반짝이와 같은 미술 용품
▷ 각 학생에게 제공할 A4 정도의 포스터 용지 또는 색 도화지

👩 진행 절차

1. 학생들에게 카멜레온이 무엇인지, 이들의 색깔이 어떻게 바뀌는지, 어떻게 생겼는지 등을 토론하게 합니다. 가능하다면 이 토론을 촉진하기 위해 실제 카멜레온을 보여 줍니다. 청소년이 된다는 것은 그들이 생각하고 느끼고 행동하는 방식에 많은 변화를 경험한다는 것을 의미하기 때문에 카멜레온과 같다는 사실을 말합니다. 청소년기 동안 그러한 변화가 매우 **빠르게** 일어난다는 사실을 강조합니다. 학생들에게 다음의 질문을 하는데, 질문에 해당되는 경우는 엄지손가락을 위로, 그렇지 않은 경우는 엄지손가락을 아래로 들게 합니다.

   ▶ 어떤 때는 부모님과 친밀하고 다정하다고 느끼다가 어느 순간에는 고함을 지르고 소리치는 자신을 발견하나요?

▶ 한 주는 캐주얼하게 입기를 원하다가 다음 주에는 다른 스타일의 옷을 선택하나요?

▶ 한 달은 어떤 아이들과 어울리는 것이 좋다고 생각하다가 다음 달에는 완전히 다른 그룹의 아이들과 어울리나요?

▶ 우울하거나 화가 난 상태에서 짧은 시간 안에 다시 괜찮아지나요?

학생들에게, 혼란스러울지라도 이러한 변화는 정상적인 것이며 변화는 발달에 필요한 부분임을 말해 줍니다. 자랄수록 이러한 변화는 크게 눈에 띄지는 않을 것입니다.

2. 포스터 용지와 미술 용품들을 나누어 줍니다. 학생들에게 자신에 대해 생각하고, 어떻게 변화하고 있는지 스스로에게 물어보라고 합니다. 각자 미술 용품을 사용하여, 변화를 나타내는 콜라주를 만들도록 합니다.

3. 학생들이 4인 1조로 콜라주를 공유할 수 있도록 합니다.

4. 내용 질문과 개인 질문에 대해 토론합니다.

토론

내용 질문

1. '카멜레온 같은' 모습을 묘사하는 것이 어려웠나요, 아니면 쉬웠나요?

2. 콜라주에 무엇을 넣어야 할지 어떻게 결정했나요?

개인 질문

1. 자신은 어떤 면에서 카멜레온 같은 사람인가요?

2. 이 발달 기간 동안 겪고 있는 변화에 대해 어떻게 느끼나요?

3. 이러한 변화들에 대해 어떻게 대처하고 있나요?

4. 이 수업에서 자신이나 다른 사람들에 대해 무엇을 배웠나요?

후속 활동

학생들에게 '나는 카멜레온 같습니다'라는 주제로 자신이 겪고 있는 변화를 묘사하는 이야기, 시 또는 노래를 만들도록 합니다.

자기중심적인 태도

15세

👨‍🏫 발달의 관점

이 발달 단계 동안 청소년들은 매우 제멋대로 하고, 자기중심적이고, 자아도취적입니다. 여러 면에서 그들은 자아도취에 빠져서 이 세계가 자신을 중심으로 돌아간다고 생각합니다. 이러한 견해가 반드시 좋은 자기개념을 의미하는 것은 아닙니다. 사실, 그 반대가 대부분입니다.

👩‍🏫 목표

▷ 청소년의 자기중심적인 태도에 대한 이해를 높이기
▷ 청소년의 자기중심적인 태도가 자신과 다른 사람에게 어떤 영향을 미치는지 알기

👷 준비물

▷ 각 학생에게 제공할 '자기중심적인 태도-퀴즈'(활동지 1)와 연필

👩‍🏫 진행 절차

1. 청소년의 자기중심성이 무엇인지 그 개념에 대해 간략히 토론합니다. 학생들에게 청소년 시기는 세상이 자신들의 주위를 공전한다고 생각하는 경향이 있다고 설명합니다. 이것은 자연스러운 현상이지만 다른 사람들에게 어떤 영향을 미치는지에 대해 생각하기 시작해야 함을 알려 줍니다.

2. 각 학생에게 '자기중심적인 태도-퀴즈'(활동지 1)를 나누어 주고 작성하도록 합니다.

3. 3명씩 한 그룹을 만들고 응답을 서로 비교하게 합니다. 다음으로, '진실' 응답을 살펴보고 자기중심적인 태도가 자신과 다른 사람들에게 어떤 영향을 미치는지 파악하게 합니다.

4. 내용 질문과 개인 질문에 대해 토론합니다.

189

토론

내용 질문

　　1. '진실' 응답이 더 많았나요, '거짓' 응답이 더 많았나요?

　　2. '진실' 응답이 있는 상황들이 다른 사람에게 어떤 영향을 미치나요? (학생들에게 예를 들어 달라고 합니다.)

개인 질문

　　1. '자기중심적' 태도를 가지고 있다고 생각하나요? 그렇다면 이것이 가족과 친구들에게 어떤 영향을 미친다고 생각하나요?

　　2. 이 태도에 관해 할 수 있거나 또는 하고 싶은 것이 있나요? 만약 그것을 바꾸고 싶다면, 덜 자기중심적이 되도록 할 수 있는 것이 뭐가 있을까요?

후속 활동

　　학생들에게 소그룹으로 활동하여 '자기중심적인 태도'를 보여 주는 상황극을 만들도록 합니다. 상황극을 발표한 후, 이 태도에 대해 바꾸고 싶은 것이 있는지, 어떻게 바꿀 수 있는지 토론합니다.

퀴즈

자기중심적인 태도

이름: _____   날짜: _____

15세

지시사항: 각 상황을 읽고, T(진실) 혹은 F(거짓)라고 표시합니다.

T   F   1. 부모님이 나를 어디론가 데려가 주셨으면 할 때, 부모님이 그러고 싶어 하지 않는다면, 나를 배려해 주지 않는다고 생각한다.

T   F   2. 어떤 장르의 음악을 듣고 싶은데 같이 있는 친구가 듣고 싶어 하지 않는다면, 친구를 위해 바꿀 필요가 없다고 생각한다.

T   F   3. 사고 싶은 것이 있는데 그걸 살 돈이 부족하다면, 부모님은 부족한 나머지 돈을 무조건 주셔야 한다고 생각한다.

T   F   4. 우리 가족이 어디론가 놀러 가기로 했을 때 내가 다른 것을 하고 싶다면, 나는 항상 내가 원하는 대로 해야 한다고 생각한다.

T   F   5. 나는 십 대이기 때문에, 내 돈과 시간을 어떻게 써야 할지 스스로 결정할 수 있어야 한다고 생각한다.

T   F   6. 만약 내가 집안일을 해야 한다면, 내 스케줄에 맞아야지만 할 수 있다고 생각한다.

T   F   7. 만약 내가 친구들에게 일정한 시간에 전화하라고 하면, 그들은 그렇게 해야 한다. 그렇지 않으면, 그들은 나를 별로 배려하지 않고 있다고 생각한다.

T   F   8. 우리 가족이 갑자기 어디론가 가고 싶다고 결정해도 나의 계획을 바꿀 필요가 없다고 생각한다.

활동지 1

191

자의식

발달의 관점

청소년기 초기에는 자의식을 강하게 느낍니다. 청소년들은 빠르게 변화하는 신체적인 외형에 대해 불편함을 느낍니다. 몸에 비해 너무 큰 발, 너무 크거나 너무 작은 가슴, 그리고 가끔씩 갈라지는 목소리 등입니다. 자신의 몸이 통제 불능 상태라고 느끼고, 만약 또래보다 더 빨리 혹은 느리게 성장하고 있다면 그것이 부끄러운 일이라고 생각합니다. 늦게 성숙하는 사람들은 일찍 성숙하는 사람들보다 더 많은 자의식을 느끼지만, 그들이 일찍 성숙하든 늦게 성숙하든, 대부분의 청소년들은 신체적인 매력과 그들의 몸에 무슨 일이 일어나는지에 대해 걱정합니다.

목표

▷ 자의식을 느끼게 하는 감정들을 정상화하기
▷ 이러한 감정들을 효과적으로 다루기 위한 전략 개발하기

준비물

▷ 각 학생에게 제공할 '자의식−문장완성 활동지'(활동지 2)와 연필

진행 절차

1. '발달의 관점'에서 요약된 개념을 검토하면서 수업을 시작합니다.
2. '자의식−문장완성 활동지'(활동지 2)를 학생들에게 나누어 주고 답변을 하도록 합니다. (토론하기를 원하지 않는 한) 자신의 답변이 다른 사람과 공유되지 않을 것임을 강조합니다.
3. 문장완성을 끝낸 후, 외모에 대해 느끼는 자의식을 다루는 데 효과적인 방법 중 하나는 '자기대화'라고 설명하면서 그 개념을 소개합니다. 그리고 다음을 설명해 줍니다.

   자기대화란 분노나 불편을 느끼게 하는 것이 무엇인지 확인하고 그러한 감정을 누그

러뜨리기 위해 스스로에게 할 말을 떠올리는 것입니다. 예를 들어, 학교의 댄스파티에서 춤출 때 자신의 발이 너무 커서 넘어질 거라고 예측하며 파티에 가는 것을 두려워한다고 가정합시다. 모두가 자신을 볼 것이라고 생각하며, 바보처럼 느낄 거라고 생각합니다.

"나의 발은 크지만 발이 큰 다른 아이들도 많아. 내가 넘어지더라도 모든 사람이 나를 보고 있다는 법은 없잖아. 어쩌면 내가 안 넘어질 수도 있어. 내 나이에 집에서 지루하게 있는 게 나을까, 아니면 다른 아이들과 똑같은 감정이라고 생각하며 파티에 가는 게 나을까?"라고 스스로와 대화를 나누십시오. 그렇게 하면 문제에 대한 보다 나은 관점을 갖게 될 것이고, 화가 덜 나거나 불편함을 덜 느낄 것입니다. 자기대화를 하는 건 연습이 필요하지만 일단 익숙해지면 덜 불안해하고 화를 덜 내거나 자의식을 덜 느끼도록 매일 사용할 수 있습니다.

4. 학생들에게 자의식을 느끼는 일에 대해 찾아보고, 활동지 뒷면에 그것을 적으면서 자기대화 연습을 하게 합니다.
5. 내용 질문과 개인 질문에 대해 토론합니다.

🙍 토론

내용 질문

1. 자신의 예에서 자기대화를 할 수 있는 방법들을 생각할 수 있나요?
2. 자기대화를 하는 것이 미래에 생길 불편한 감정이나 자의식에 대처하는 데 도움이 될 수 있다고 생각하나요?

개인 질문

그룹이 작고 응집력이 있는 경우 학생들은 문장완성 활동지의 답변을 공유하도록 선택할 수 있지만, 그룹에 대한 신뢰가 있고 공유하고 싶어 할 경우에만 수행합니다.

🙍 후속 활동

학생들에게 특정 문제에 대한 자의식적 감정을 다루기 위해 무엇을 할 수 있는지 설명하는 '나의 자의식' 편지를 쓰게 합니다. 다시 말해, 학생들은 자신의 문제에 대해 스스로에게 글을 씁니다. 이 편지는 학생들이 원치 않는 이상 타인과 공유해서는 안 됩니다.

자의식

이름: _____   날짜: _____

지시사항: 각각의 문장을 읽고, 느껴지는 감정과 생각을 설명하는 문장을 완성합니다. 공유하고 싶지 않은 이상, 다른 사람이 자신의 문장들을 볼 수 없습니다.

1. 내 몸에서 가장 자의식을 느끼는 부분은 _____

2. 내 몸에 대해 뭔가를 바꿀 수 있다면 _____

3. 또래 아이들과 비교할 때, 나의 _____은 너무 _____한 것 같다.

4. 내 몸의 변화 중에 만족하는 부분은 _____

5. 내 몸의 변화 중에 불만족하는 부분은 _____

6. 나를 수치스럽게 느끼게 하는 것은 _____

7. 다른 아이들과 비교할 때 내 몸은 _____

8. 나에 대해서 만족하는 것은(신체적인 것에 대해) _____

9. 내 속마음을 들여다볼 때 드는 생각은 _____

10. 나의 외모에 대해 마음에 드는 것은 _____

나에게 가치 있는 것은?

자기 발달 4

15세

발달의 관점

이 발달 기간 동안, 청소년들은 자신이 누구인지에 대해 더 명확하게 파악하는 것이 중요합니다. 성인들은 청소년들이 전화 통화하고, 음악을 듣고, 친구와 어울리는 것이 시간 낭비라고 생각할지라도, 이러한 활동들은 청소년이 개인의 가치에 의문을 제기하고, 아이디어를 공식화하고, 자신의 정체성을 명확하게 이해하기 위해 시작하는 중요한 방법입니다.

목표

▷ 자신의 가치에 대해 더 배우기

준비물

▷ 각 학생에게 제공할 '나에게 가치 있는 것은?—딜레마'(활동지 3)와 연필

진행 절차

1. 학생들에게 자신이 누구인지, 무엇을 중요하게 생각하는지에 대해 더 배우는 것이 이 발달 단계에 중요하다는 것을 설명함으로써 수업을 시작합니다.
2. '나에게 가치 있는 것은?—딜레마'(활동지 3)를 각 학생에게 나누어 줍니다. 학생들에게 개별적으로 활동지의 지시사항을 따르도록 합니다.
3. 학생들을 한 그룹당 4명으로 나눕니다. 각 그룹은 살아남기 위해서 활동지에 등장하는 인물 중 4명을 어떻게 선택할지에 대해 합의하도록 합니다.
4. 그룹은 자신들의 선택과 이유를 전체 그룹과 공유합니다.
5. 내용 질문과 개인 질문에 대해 토론합니다.

토론

내용 질문

　　1. 개인적으로는 어떠한 선택을 했나요?

　　2. 그룹이 합의한 선택은 개인의 선택과 크게 달랐나요? 자신이 생각하지 못한 것
　　　을 다른 사람들이 고려한 게 있었나요? (예시를 공유합니다.)

　　3. 무엇을 가치 있게 여기는지에 대해 어떻게 결정하나요?

개인 질문

　　1. 이 활동에서 고려한 요소들을 기준으로 자신에게 가장 중요한 세 가지 가치는
　　　무엇인가요?

　　2. 자신의 가치가 동료들에 의해 쉽게 영향을 받는다고 생각하나요? 그 이유는 무
　　　엇인가요?

　　3. 나이가 들면서 자신의 가치가 변할 것이라고 생각하나요? 그 이유는 무엇인가요?

후속 활동

　　학생들에게 나이가 더 많은 형제자매 또는 선배들과 면담을 하게 합니다. 면담 대
　　상자들에게 15세 때 무엇을 가치 있게 여겼는지에 대한 예를 요청하고, 그 가치가
　　나이가 들면서 변했는지를 물어보도록 합니다.

나에게 가치 있는 것은?

15세

이름: _____ 날짜: _____

지시사항: 일주일 동안 섬에 갇힐 거라고 상상해 봅니다. 12~15세로 구성된 다음의 8명에 대한 정보를 읽어 보세요. 이 중에서 같이 지내길 원하는 4명을 선택합니다. 당신의 생존에 대해 걱정할 필요는 없습니다.

- ■ **주안**은 최근 자신이 속한 대도시 학교들의 15세 축구선수 중에서 최고의 선수로 선정되었습니다. 주안은 매우 잘생겼고 신앙심도 깊으며, 때로는 잘생긴 외모를 이용하여 자신이 원하는 것을 얻기도 합니다.

- ■ **메리**는 학교 연극에서 주인공 역할을 했고 지역 연극단에서도 활발하게 활동했습니다. 메리는 십 대 흡연에 대한 법률이 없어야 한다고 생각합니다. 최근에 부모님이 이혼하셨습니다.

- ■ **닉**은 이제 막 마약 재활 프로그램을 마쳤는데, 그는 마리화나는 합법화되어야 한다고 생각합니다. 닉은 펑크록 그룹의 메인 보컬입니다. 그리고 매우 극단적인 편이어서 닉이 당신을 싫어한다면, 바로 얘기할 것입니다. 닉이 당신을 좋아한다면, 매우 충성스럽고 지지적인 친구가 될 것입니다.

- ■ **테레사**는 컨트리 음악을 좋아합니다. 그녀는 학급 회장으로 선출되었었고, 지난달에 있던 학교 연말파티에서 인기상도 받았습니다. 학기말 파티에서 테레사는 아버지의 주류 보관함에서 술 한 병을 훔쳐서 가져왔습니다.

나에게 가치 있는 것은?

▣ **마리아**는 부모님의 규칙을 지킬 수 없었기 때문에 작년 거의 대부분 집에서 가출해 있었습니다. 부모님이 왜 소년원을 다녀온 친구들과 어울리지 못하게 하는지 도저히 이해할 수 없었던 마리아는 그들이 좋은 아이들이고, 소년원에 있었던 유일한 이유는 자신의 부모님처럼 그들의 부모님이 너무 엄격했기 때문이라고 알고 있습니다. 그러나 때로는 친구들이 자신에게 강요하는 것들에 대해 불편함을 느낍니다.

▣ **폴**은 반에서 가장 우수한 학생입니다. 폴은 오케스트라에서 연주도 하고 농구도 정말 잘하며, 교사와 학생들에게 인기가 매우 많습니다. 때때로 자신이 동성애자가 아닐까 궁금해하기도 합니다.

▣ **벤**은 학교를 싫어하고 수업 대부분이 지루하다고 생각합니다. 그는 수업에 가지 않고 친구들과 함께 즐거운 시간을 보냅니다. 이로 인해 어머니와 싸우지만, 쫓겨나는 것에 신경 쓰지 않기 때문에 자신이 마음 내키는 대로 수업에 들어가지 않습니다. 수업에 가지 않는 날에는 가끔 나이 든 이웃인 에반스 부인을 위해 장도 봐 줍니다.

▣ **발레리**는 부유한 아이들을 싫어하고, 중고 옷을 사 입습니다. 발레리는 흡연과 음주에 매우 반대합니다. 발레리의 부모님은 돈이 아주 많습니다. 그녀는 일주일에 몇 번씩 YMCA에서 자원봉사자로 일하면서 소외계층 어린이들을 돕고 있습니다.

나의 정체성 찾기

자기발달 5

📋 발달의 관점

어린 청소년의 정체성은 유동적인 상태에 있습니다. 이들은 자아상을 하나로 형성하려고 할 때 새로운 역할, 관계 및 매너리즘을 시도합니다. 그들은 여전히 육체적으로, 정서적으로, 사회적으로, 지적으로 발달하고 있기 때문에 자기 자신을 찾는 것은 다소 복잡한 과정일 수 있습니다.

📋 목표

▷ 자신의 정체성을 좀 더 명확하게 하기

📋 준비물

▷ 칠판
▷ 각 학생에게 제공할 '나의 정체성 찾기—설문지'(활동지 4)와 연필

📋 진행 절차

1. 다음을 칠판에 적으면서 수업을 시작합니다.

> 애벌레: 그리고 넌 누구니?
>
> 앨리스: 적어도 오늘 아침에 일어났을 때는 내가 누군지 알았지만, 현재는 잘 모르겠어요. 그런데 아마 아침 이후로 여러 번 바뀌었을 거라고 생각해요.
>
> — 루이스 캐럴(『이상한 나라의 앨리스』)

학생들에게 이 대화가 무엇을 의미하는지 그리고 청소년기의 삶에 어떤 식으로 적용할 수 있는지에 대해 이야기하게 합니다. 정체성 발달 과정에 있는 이 기간 동안 나타나는 다양한 변화에 대해 간략하게 토론합니다.

2. '나의 정체성 찾기—설문지'(활동지 4)를 각 학생에게 나누어 줍니다. 학생들에게 설문지를 가지고 교실을 돌아다니며 다른 사람들에게 자신을 가장 잘 설명하는

항목을 물어보고 거기에 서명을 받도록 합니다. 그런 다음, 자신의 설문지를 검토하고 자신을 가장 잘 설명하는 항목 옆에 × 표시를 하도록 합니다.

3. 내용 질문과 개인 질문에 대해 토론합니다.

🧑‍🏫 토론

내용 질문

1. 자신을 가장 잘 설명하는 단어들을 찾는 것이 어땠나요?
2. 자신을 구체적으로 설명한 단어들은 어떤 것이었나요? 자신을 가장 설명하지 못한 단어들은 어떤 것이었나요?

개인 질문

1. 이 활동에 참여함으로써 자신에 대해 무엇을 배웠나요?
2. 1년 전에도 똑같은 빈칸에 서명했을 거라고 생각하나요? 2년 전에는요?
3. 자신은 어떻게 변화하고 있다고 생각하나요? 이러한 변화에 대해 어떻게 생각하나요?

🧑‍💻 후속 활동

학생들에게 자신을 가장 잘 설명한다고 생각하는 다른 단어들을 목록에 추가 한 다음, '나 자신을 어떻게 보고 있는지'에 대한 짧은 이야기를 쓰게 합니다.

나의 정체성 찾기

이름: _____   날짜: _____

15세

지시사항: 설문지에 이름과 날짜를 적습니다. 그런 다음, 설문지를 다른 사람들에게 가져가서 그들에게 자신을 가장 잘 설명하는 항목으로 하나 이상의 빈칸에 서명하도록 합니다. 모든 빈칸이 채워지면, 당신에게도 사실인 각 항목 옆에 × 표시를 합니다.

☐ 변덕스러운 _____

☐ 예측 불가한 _____

☐ 외향적인 _____

☐ 같이 있으면 재미있는 _____

☐ 정직한 _____

☐ 외모에 만족하는 _____

☐ 충동적인 _____

☐ 비밀스러운 _____

☐ 겁이 많은 _____

☐ 자신감 있는 _____

☐ 위험 감수자 _____

☐ 참을성 없는 _____

☐ 똑똑한 _____

☐ 인기 있는 _____

☐ 행복한 _____

설문지 2쪽

나의 정체성 찾기

☐ 독립적인 _____

☐ 수줍은 _____

☐ 자의식이 강한 _____

☐ 쉽게 좌절하는 _____

☐ 빠르게 화를 내는 _____

☐ 충실한 _____

☐ 융통성 있는 _____

☐ 재미있는 것을 좋아하는 _____

☐ 학구적인 _____

☐ 반항적인 _____

☐ 순응주의자 _____

☐ 다재다능한 _____

☐ 운동을 잘하는 _____

활동지 4

202

요요처럼

🧑‍🏫 발달의 관점

초기 청소년기는 정서적 질풍노도의 시기입니다. 청소년기의 육체와 정신은 유아기를 제외한 다른 발달 기간 중 가장 빠르게 변화하고 있습니다. 청소년들에게 감정의 기복은 정상이지만, 그럼에도 불구하고 청소년과 부모 및 교사는 혼란스럽습니다. 청소년들이 이러한 기분 변화가 정상이라는 것을 이해하도록 돕는 것은 매우 중요합니다. 왜냐하면 그들의 시간 감각은 여전히 매우 즉각적이고, 부정적인 감정에 쉽게 압도당하고 자멸적인 방식으로 행동할 수 있기 때문입니다.

👩‍🏫 목표

▷ 청소년기의 감정 기복에 대해 이해하기
▷ 감정 기복을 다루기 위한 전략 알아보기

👷 준비물

▷ 칠판
▷ 요요
▷ '청소년 고민상담 1388'(청소년사이버상담센터, www.cyber1388.kr) 게시물 복사본 여러 장
▷ 각 학생에게 제공할 '요요처럼-편지'(활동지 5), 종이와 연필

👩‍🏫 진행 절차

1. 요요를 사용하면서 요요가 위로 갔다가 아래로 내려가는 현상을 학생들과 함께 토론하며 수업을 시작합니다. 청소년기 동안의 감정은 종종 요요와 같다는 것을 설명합니다. 학생들에게 이러한 현상의 예를 들어 보라고 합니다.

2. 이 수업의 목표를 토론하고, '청소년 고민상담 1388'의 게시물 사본을 나눠 주면서 상담 글에 대해서 설명합니다. 그런 다음, '요요처럼-편지'(활동지 5)를 각 학

생에게 나누어 주고 읽게 합니다.

3. 학생들을 3명씩 한 그룹으로 나눕니다. 그룹 구성원들에게 편지에 대한 그들의 반응을 토의하게 한 다음, 상담 답장을 작성하도록 합니다. 편지에 나온 좌절한 십 대가 어떻게 감정 기복을 다룰 수 있는지에 대해 생각하고, 자신의 경험도 함께 작성하도록 합니다.

4. 다 작성한 후에, 각각의 그룹은 다른 그룹과 합쳐서 6명씩 한 조가 되어 조언을 서로 공유하도록 합니다.

5. 내용 질문과 개인 질문에 대해 토론합니다.

토론

내용 질문

1. 좌절한 십 대가 상담 선생님에게 쓴 편지에서 이야기한 내용을 파악할 수 있나요? (공유하도록 합니다)

2. 좌절한 십 대에게 감정 기복을 처리하기 위해 어떤 제안을 했나요? (칠판에 제안을 적습니다.)

개인 질문

1. 자신의 감정 기복에 압도당하기도 하나요? 만약 그렇다면 이 문제를 해결하기 위해 어떻게 하나요?

2. 이러한 감정 기복에 압도당할 때 보통 스스로 해결해야 한다고 생각하나요? 아니면 다른 사람에게 도움을 청해야 한다고 생각하나요?

3. 이러한 감정 기복에 대해 자신을 두렵게 하는 것이 있나요? 만약 그렇다면 이 두려움을 어떻게 다룰 수 있나요?

4. 이 수업에서 감정 기복을 잘 이해하는 데 도움이 될 만한 내용을 배웠나요? (공유하도록 합니다.)

5. 감정 기복을 보다 효과적으로 처리하기 위해 무엇을 할 수 있는지 이 수업에서 어떤 것을 배웠나요?

후속 활동

학생들이 자신의 감정 기복을 더 잘 알 수 있도록 돕기 위해 일기를 쓰도록 권장합니다. 그리고 활동에서 소개해 준 몇 가지 제안을 실행해 보도록 합니다.

요요처럼

지시사항: 다음 편지를 읽고, 그룹원들과 함께 편지에 대한 상담 답장을 써 봅니다.

상담 선생님께.

저는 열다섯 살이고 중학교 2학년입니다. 작년 말부터 저는 제 자신이 이상하다고 느꼈어요. 때로는 정말 행복하고 농담을 하며 친구들과 웃고 떠들지만, 그다음에 갑자기 제가 변해 버리는데 이유를 잘 모르겠어요. 제가 정말로 화가 났거나 단지 우울했을지도 몰라요. 가끔은 어떤 일과 관련이 없는 경우에도 그랬어요. 예를 들면, 어제는 친구 한 명과 복도에서 걸어오다가 갑자기 제가 그 친구에게 화를 냈습니다. 친구는 아무 말도 안 했는데 저는 그냥 별 이유 없이 화가 났어요. 그런 기분이 들 때 이유 없이 친구에게 소리를 지르고, 친구들은 제게 화를 내요. 부모님과도 마찬가지예요. 가끔 제가 그냥 혼자 있고 싶을 때가 있는데 부모님은 무엇이 잘못되었는지 계속 물어봐요. 그 후에는 그렇게 행동한 것에 제가 죄책감을 느끼고요, 왜 그런지 모르겠어요.

오늘은 친구 여러 명과 집으로 걸어가고 있었어요. 우리는 분명 재밌었고 기분도 너무 좋았어요. 근데 내 방에 있었을 때 막 우울해지기 시작했어요. 아무 일도 없었는데 그냥 제 감정이 바뀐 거예요. 저는 그럴 때마다 너무 짜증이 나고 왜 이런 일이 일어나는지 이해가 잘 안돼요.

친구들 중 몇몇도 이런 기분이 든다는 걸 알 것 같아요. 왜냐하면 그 친구들도 어떤 날은 아무 이유 없이 내게 버럭 화를 내거든요. 그런데 만약 나도 기분이 좋지 않으면 같이 그들한테 화를 내고, 결국 우리는 큰 싸움에 빠져서 더 큰 문제가 발생해요. 이런 일이 일어나는 걸 멈출 수 있게 어떻게 해야 하는지 아는 사람은 우리 중에 아무도 없는 것 같아요.

기분이 왔다 갔다 하지 않고, 몇 시간이든 하루이든 좀 오래 같은 기분을 느꼈으면 좋겠어요. 가끔은, 깨어나면 좋은 날이 될 것 같다고 생각하지만 금방 또 바뀔 수 있어요. 다른 날에는 너무 기분 나쁘게 깨어나고, 그러면 잠시 후에 상황이 더 악화돼요. 저를 도와줄 수 있는 방법이 있으면 제발 좀 알려 주세요.

－좌절한 십 대 청소년이

활동지 5

도미노 효과

발달의 관점

청소년들은 가끔 자신의 감정이나 행동의 영향을 예측하는 능력이 부족합니다. 이러한 예측 능력은 그들이 꼭 배워야 할 중요한 기술입니다. 왜냐하면 청소년들이 자신의 감정에 충동적으로 행동하게 되면 그 행동이 도미노처럼 바람직하지 않은 결과를 가져올지도 모르기 때문입니다.

목표

▷ 자신의 감정에 따라 행동하는 것의 '도미노 효과'를 잘 파악하기

준비물

▷ 도미노 세트
▷ 2명당 1장씩 제공할 '도미노 효과―활동지'(활동지 6)와 연필

진행 절차

1. 지원자 1명을 뽑아 그룹 앞에 서서 도미노를 하나씩 배치하도록 하면서 수업을 시작합니다. 그런 다음, 다른 지원자가 나와서 첫 번째 도미노를 쓰러뜨리고 차례로 몇 개 더 쓰러뜨립니다. 무슨 일이 일어났는지 토론하게 합니다.

2. 감정에 따라 행동하는 것은 때때로 도미노 효과를 만들어 낸다고 설명합니다. 종종 어떤 사람이 특정한 방식을 느낄 때 감정에 따라 행동하게 되고, 감정에 의해 유발된 행동은 마치 하나의 도미노가 다른 도미노를 쓰러뜨리는 것처럼 다른 일이 일어나게 한다는 것을 설명합니다.

3. 학생들에게 파트너를 찾도록 합니다. '도미노 효과―활동지'(활동지 6)를 2명당 1장씩 나누어 줍니다. 파트너와 함께 가능한 효과에 대해 토론하고 활동지에 답변을 기록하게 합니다.

4. 활동이 끝나면, 다른 파트너와 만나서 함께 답변을 나누도록 합니다.

5. 내용 질문과 개인 질문에 대해 토론합니다.

🧑‍🏫 토론

내용 질문

1. 감정의 도미노 효과를 파악하기 어려웠나요? 어떤 감정의 영향이 다른 감정보다 파악하기 어려웠나요?

2. 이 활동을 완료하기 전에 도미노 효과의 개념을 알고 있었나요? 그것이 자신에게 무엇을 의미하나요?

15세

개인 질문

1. 이러한 도미노 효과가 실제로 발생한 적이 있었나요? (개인 경험을 나누도록 합니다.)

2. 경험에 기초하여, 그 효과는 일반적으로 더 긍정적인가요? 혹은 더 부정적인가요?

3. 도미노 효과가 일어나는 것을 막거나 많은 부정적 결과가 함께 일어나는 일을 최소화하기 위해 무엇을 할 수 있다고 생각하나요?

🧑‍💻 후속 활동

학생들에게 자신의 감정을 표현하는 방법과 그 감정의 영향을 기록해 보도록 합니다. 그들이 도미노 효과의 부정적인 결과를 피할 수 있는 방법을 찾도록 격려합니다.

도미노 효과

지시사항: 각 항목을 읽고, 설명된 방식으로 감정을 표현할 때 발생할 수 있는 영향을 알아봅니다.

1. 너무 화가 나서 방문을 주먹으로 쳤다.

   가능한 도미노 효과: _____

2. 영어 과제를 하는 데 매우 좌절감을 느꼈다. 어떻게 해야 할지 몰라서 끝나는 종소리가 울리기도 전에 교실 밖으로 나가면서 종이를 찢어 바닥에 버렸다.

   가능한 도미노 효과: _____

3. 남자 친구가 하루 종일 말을 하지 않았기 때문에 화가 난다. 수업 시간에 머리를 숙이고 잠을 잔다.

   가능한 도미노 효과: _____

4. 화장실에서 담배를 피우다가 걸렸다. 선생님이 교무실로 오라고 하셨다. 너무 화가 나서 선생님에게 내 앞에서 꺼지라고 말했다.

   가능한 도미노 효과: _____

5. 교회에서 가는 스키 여행을 가고 싶었지만 부모님은 돈을 주지 않을 것이라고 말했다. 방금 할머니에게 받은 편지를 뜯었는데 많은 용돈이 들어 있었다. 너무 기뻐서 소리를 크게 질렀고 라디오를 정말 크게 틀었다. 그때가 새벽이었다.

   가능한 도미노 효과: _____

6. 친구 한 명에게 화가 났고 그래서 이 친구에 대해 다른 무리의 아이들에게 이야기하기 시작했다. 말한 것 중 일부는 약간 과장된 것이다.

   가능한 도미노 효과: _____

7. 자신의 상황을 쓰고, 가능한 도미노 효과를 써 보세요.

   상황: _____

   가능한 도미노 효과: _____

정서 발달 3 잦은 분노

발달의 관점

초기 청소년기에 분노는 자주 경험되는 감정입니다. 분노는 청소년들에게 권력이 생긴 느낌이 들게 하지만, 종종 두렵게 만들기도 합니다. 그들은 왜 그렇게 화가 나는지 이해하지 못하고 분노를 통제할 수 없다고 생각합니다. 청소년들이 분노를 인식하지 못하거나 인정하지 않을 수도 있지만, 이것은 종종 상처, 고통, 혼란과 같은 다른 감정을 가려 줍니다. 성인은 청소년들의 분노에 반응하기 때문에, 청소년들이 분노에 대해 더 잘 이해하고 효과적으로 다루는 방법을 도와주는 것이 필요합니다.

목표

▷ 분노에 대해 더 배우기
▷ 분노를 다스리는 효과적인 방법에 대해 더 배우기

준비물

▷ 각 학생에게 제공할 '잦은 분노−점검표'(활동지 7)와 '잦은 분노−이야기'(활동지 8)
▷ A4용지, 마커, 마스킹 테이프

진행 절차

1. 청소년기에 분노는 매우 흔한 것이고, 이는 혼란스럽거나 두렵거나 심지어 짜릿할 수 있다는 사실에 대해 짧게 토론하면서 수업을 시작합니다. 수업의 목적을 설명한 뒤 '잦은 분노−점검표'(활동지 7)를 각 학생에게 나누어 줍니다.

2. 학생들이 점검표를 완성할 수 있도록 몇 분간 시간을 줍니다. 그런 다음, 학생들을 3명씩 한 그룹으로 나누고 결과를 공유하도록 합니다.

3. 학생들이 공유할 시간을 준 후에 다음 내용을 토론하도록 합니다.

▶ 자신의 점수에 놀랐나요? 그것이 나에게 무엇을 의미하나요?
▶ 분노로 혼란스럽거나 두려워한 적이 있나요? 혼란스럽거나 두렵다는 것은

무엇일까요?

    ▶ 분노가 힘을 느끼게 해 줘서 분노에 대해 기분이 좋았던 적이 있나요? 이것의 부정적인 결과가 있었나요?

  4. 토론 후, '잦은 분노−이야기'(활동지 8)를 나누어 주고 조용히 읽도록 합니다. 충분히 읽은 후, 내용 질문과 개인 질문에 대해 토론합니다.

토론

내용 질문

  1. 이번 이야기로부터 무엇을 배웠나요? 이미 알고 있는 것을 재확인했거나 새로운 정보를 제공했나요?

  2. 이야기에서 나온 십 대는 분노에 대해 어떻게 느꼈나요? 분노가 그들을 도왔거나 그들에게 상처를 주었다고 생각하나요?

  3. 그들이 분노를 다루는 방식에 동의하나요? 좀 더 효과적으로 다루기 위해 그들이 다르게 할 수 있다고 생각하나요?

  4. 이야기에서 언급한 제안 외에 다른 효과적인 분노 관리 전략은 무엇이 있을까요? (이 목록을 A4용지에 마커로 쓴 후, 필요하다면 학생들이 이 목록을 언급할 수 있도록 게시합니다. 학생들이 전략을 알아볼 때 각각의 긍정적, 부정적 측면에 대해 토론하게 합니다)

개인 질문

  1. 분노를 자주 경험하나요? 이 감정에 대해 어떻게 생각하나요?

  2. 이 나이대에는 몸과 마음이 급변하기 때문에 분노가 흔히 경험되는 감정임을 아는 것이 도움이 되나요?

  3. 또래에게 효과적으로 분노를 통제하는 것에 어떤 조언을 할 수 있을까요?

  4. 이번 수업에서 분노를 보다 효과적으로 다룰 수 있도록 도와주는 것으로 무엇을 배웠나요?

후속 활동

학생들에게 분노 조절에 관한 좋은 책『감정을 파는 소년』(김수정 저, 행복한 나무, 2021),『우리 아이 첫 분노 조절 노트』(이자벨 필리오자, 비르지니 리무쟁 공저, 밝은미래, 2019)를 읽어 보게 합니다.

잦은 분노

15세

이름: _____   날짜: _____

지시사항: 다음의 목록을 읽고, 각각을 0~3점으로 평가해 봅니다.

0 = 전혀 없음,   1 = 가끔,   2 = 자주,   3 = 거의 항상

_____ 나는 아무 이유 없이 화를 낸다. 그냥 화가 난다.

_____ 내가 하고 싶은 일을 할 수 없을 때 화가 난다.

_____ 다른 사람들은 내가 분노를 조절하는 데 문제가 있다고 생각한다.

_____ 만약 화가 나면 폭발할 수 있다.

_____ 만약 화가 나면 내 감정을 속에 담아 둔다.

_____ 다른 사람들이 나를 건드리면 화가 난다.

_____ 내 분노를 통제할 수 없다고 생각한다.

_____ 내가 분노를 표현하는 방식은 나에게 문제를 일으킨다.

_____ 나는 내가 분노를 다루는 방식에 당혹감을 느낀다.

_____ 나는 화나는 것을 좋아하지 않는다.

점수를 모두 합해 보세요. 만약 점수가 0~5점이라면 여러분은 자신의 분노를 제어할 수 있습니다. 만약 6~10점을 받았다면, 여러분은 여전히 꽤 잘하고 있습니다. 11~20점을 받은 경우는, 문제가 있고 분노 다루기를 시작할 필요가 있습니다. 만약 20점을 초과한 경우라면, 분노가 더 큰 문제가 되기 전에 정말로 도움이 필요합니다.

잦은 분노

열네 살 때 처음으로 내가 항상 화가 나 있다는 것을 알아차리기 시작했다. 나는 항상 누군가에게 화난 것 같았다. 열 받고 화를 낼 변명거리를 찾고 있었다. 아무 이유 없이 의도적으로 선생님이나 학교 관계자들에게 말을 함부로 하기 시작했다. 그들은 나에게 도리에 맞는 행동을 하라고 했지만, 기분이 좋지 않으면 나는 그들에게 화를 냈다. 그들이 요청했던 일을 거부하며 욕설을 했고, 나를 교실에서 내보낼 거라고 위협했지만 나는 상관없다고 했다. 때때로 내가 그들을 육체적으로 해를 입히겠다고 협박하기도 했는데, 그 일이 일어났을 때 일주일 동안 정학 처분을 받았다. 하지만 이것을 결코 나쁘게 느끼지 않았다. 내가 학교를 그리워할지라도 상관없었다.

나는 친구나 남자 친구에게도 화를 자주 냈다. 사소한 행동에도 아무 이유 없이 화를 냈다. 심지어 그들이 아무것도 하지 않았는데도 내 기분이 굉장히 좋지 않았을 때도 있었다. 나는 거드름을 피우고 그들에게 화를 냈다. 친구들이 나를 피하기 시작했지만, 우리는 다시 함께 모였고 내가 그다음에 화를 낼 때까지는 괜찮았던 것 같다. 친구들과의 사이가 가까웠다가 멀어졌다가를 반복했다. 남자 친구와 있을 때는 화를 내고 평소에는 하지 않는 비이성적인 것들을 했다.

나는 엄마에게 화를 많이 내곤 했다. 엄마는 단지 방을 청소하라고 했을 뿐인데, 나는 정말로 화를 크게 냈다. 엄마는 규칙을 만들려고 했지만, 나는 엄마의 규칙이 말도 안 된다고 생각했기 때문에 도대체 뭐하는 거냐며 따지기도 했다. 내가 정말 심하게 화를 내면 엄마는 한발 물러서서 하고 싶은 대로 하도록 내버려 두었다. 화를 냄으로써 힘을 갖는다는 것은 어느 정도 나를 중요한 사람이라고 느끼게 만들었다.

나는 상담사에게 가게 되었다. 상담사는 항우울제를 복용하길 원했지만 그러고 싶지 않았다. 별 도움이 될 거라고 생각하지 않았기 때문이다. 게다가, 나는 내 분노를 좋아했다. 그것이 꽤 재미있다고 생각했다. 너무 화가 나서 심지어 박장대소를 했던 적도 있다. 그리고 지나치게 화를 낼 때는 어떤 합리적인 결정을 내릴 수도 없었다. 어떤 것 혹은 어느 누구도 고려하지 않았다.

지금 나는 열다섯 살이다. 예전보다는 화를 덜 내기 시작했지만, 여전히 화를 좀 더 잘 통제하고 싶다. 화가 났을 때 정말로 어리석은 행동을 했다는 것을 이제 깨달았다. 나는 내가

잦은 분노

15세

화를 다룬 방식에 대해 많은 후회를 했고, 지금 변화하려고 노력 중이다. 어느 정도는 화를 통제하고 있다고 생각한다. 한계에 도달하기 전에 화를 다룰 필요가 있다는 것을 깨달았고, 진정시킬 수 있을 것 같다. 만약 내가 진정하는 것에 집중하거나 잘할 수 있다면, 화가 나는 상황을 피하려고 노력한다. 화를 내는 것을 예전보다는 통제하고 있지만 갈 길이 먼 것 같다. 이 분노를 내 안에 계속 가지고 있으면, 면도날로 스스로를 상처 내는 것임을 안다. 화를 잘 표출하는 방법을 배워서, 화를 표출할 때 더는 큰 문제로 만들지 않을 것이다.

청소년기에 화가 난다는 것은 일반적인 현상이지만, 나는 조금 지나쳤다고 생각한다. 화를 잘 다루는 방법을 배우고 싶다.

—로리, 15세

활동지 8

감정의 가면

발달의 관점

청소년들이 구체적 사고에서 추상적 사고로 전환하기 시작함에 따라 이들은 죄책감, 수치심, 불안 그리고 우울과 같은 새로운 감정에 대해 더욱 잘 인식하게 됩니다. 그들은 점점 더 혼란스럽고 취약하다고 느낄 수 있으며, 그 결과 분노로 자신의 여러 감정을 숨기는 것이 매우 일반적입니다. 분노는 취약한 감정들로 하여금 혼란을 불러일으키며, 동시에 청소년들에게 일종의 힘을 가진 것처럼 느끼게 합니다. 그러나 안타깝게도 부모와 교사는 이런 분노에 일반적으로 반응하며, 그로 인해 분노가 감추고 있는 감정을 청소년들이 효과적으로 다루도록 도와주지 못하게 됩니다.

목표

▷ 분노로 가려진 감정을 보다 효과적으로 인식하고 다루기
▷ 사고가 감정에 어떤 영향을 미치는지 배우기

준비물

▷ 가면
▷ 각 학생에게 제공할 '감정의 가면-이야기'(활동지 9)
▷ 종이봉투, 가위, 마커, 필기구

진행 절차

1. 이 수업을 시작하기 위해, 가면을 착용하고 학생들에게 가면을 쓰는 목적(가리기, 부분 숨기기 등의 아이디어를 유도)을 알려 줍니다.
2. 분노는 때때로 상처, 고통, 수치심 또는 죄책감과 같은 더 깊은 감정의 가면으로써 작용한다고 설명합니다. 학생들에게 상처와 고통을 분노로 가려 버린 십 대의 이야기인 '감정의 가면-이야기'(활동지 9)를 읽게 합니다.

3. 이야기를 읽은 후 종이봉투, 가위, 마커 및 필기구를 나누어 줍니다. 학생들에게 분노로 감추는 감정을 표현하기 위해 단어나 기호를 사용하여 종이봉투 가면을 만들라고 합니다. 그룹의 분위기에 따라 학생들에게 가면에 대해 이야기할 시간을 줄 수 있습니다.

4. 분노로 가면을 쓴 감정의 긍정적인 면과 부정적인 면을 토론합니다. 학생들이 다음에 설명된 과정을 사용하여 자신의 진정한 감정을 표현하는 것을 고려하도록 합니다.

> 고통, 상처, 혼란, 우울 또는 죄책감과 같은 느낌을 처음 경험했을 때, 자신을 괴롭히는 일이 무엇인지, 그리고 그 일은 무엇에 관한 것인지 조금 더 구체적으로 파악하도록 노력합니다. 그런 다음, 화를 내어 감정을 가리지 말고 자신의 생각을 파악합니다.
>
> 예를 들어, 부모님이 이혼을 해서 화가 나고 있다면, 그것이 끔찍하고 참을 수 없으며 이혼 가정에서 사는 것보다 나쁜 것은 없다고 생각할 수 있습니다. 매우 불안하고 우울하다고 느낄지 모르지만 부모님을 비난합니다. 부모님에게 못된 말들을 하고, 좋은 성적을 받는 것이 부모님에게 얼마나 중요한지를 알기 때문에 성적을 떨어뜨립니다. 분노로 자신의 감정을 가리기 때문에 부모님이 화를 내거나 벌을 줄 수도 있고 결국 더 화를 낼 것입니다. 이 기간이 길어질수록 진정한 감정을 표현할 가능성이 줄어듭니다.
>
> 그러므로 분노로 자신의 감정을 가리지 말고, 먼저 생각에 도전합니다. 다음과 같은 질문을 해 봅니다. '이혼 가정에서 사는 것보다 더 나쁜 것이 정말로 없을까? 이혼은 다른 많은 가족에게도 일어나. 그래서 내가 정말 그것을 견딜 수 없을까? 그래, 이건 나쁜 경험이고, 상황이 변하길 바라지만 부모님 중 한 명이 죽는다면 그게 더 나쁘지 않을까?' 자신의 생각에 도전을 하면 상황을 한눈에 파악하고 좀 더 합리적으로 보도록 도울 수 있습니다. 생각에 도전한 후에는 감정에 관한 일기를 쓰거나, 기분이 좀 좋아지도록 음악을 듣거나, 자신이 느끼는 감정에 대해 다른 사람들과 이야기할 수도 있습니다.

5. 내용 질문과 개인 질문에 대해 토론합니다.

토론

내용 질문

     1. 분노로 감추고 있는 어떤 감정을 파악했나요?

     2. 분노로 감정을 가린다는 것을 알고 있었나요?

     3. 사례 속 릭의 이야기에 대한 당신의 반응은 어떤가요?

개인 질문

     1. 진정한 감정을 가리지 않고 표현할 수 있나요? 만약 그렇다면 어떻게 하나요?

     2. 분노로 감정을 감추는 것이 자신이나 다른 사람에게 도움이 된다고 생각하나요? 그 이유는 무엇인가요?

     3. 이 활동에서 배운 것 중에 앞으로 무엇을 적용할 수 있을까요?

후속 활동

분노로 감정을 가린 학생들에게 도움이 되는 방법과 도움이 되지 않는 방법의 '찬성과 반대' 목록을 만들도록 합니다. 다른 사람들과 그 목록을 나누도록 합니다.

감정의 가면

15세

나는 중학교 3학년 때 정말 크게 화를 내곤 했다. 아빠가 나를 대하는 방식과 관련이 많았던 것 같다. 아빠는 나를 때리지 않았지만, 결코 사랑한다고 말하지 않았고 관심도 보여 주지 않았다. 아빠가 내게 사랑한다고 말하는 것을 기대한 게 아니라, 적어도 그것을 표현해 주기를 바랐다. 나는 아빠에게 사랑받을 가치가 없다고 생각하고 지금까지 해낸 일들을 이상하게 여기면서 스스로를 의심하기 시작했다. 내가 사랑받을 가치가 없는 존재라면, 차라리 사람들을 화나게 만들어서 내가 좋지 않은 사람이라는 사실을 보여 주는 편이 낫다고 생각했다. 성적이 많이 떨어졌고, 항상 화를 냈기 때문에 친구도 몇 명 없었다. 나는 아무도 믿지 않았다. 아빠에게 사랑받을 가치가 없다면 다른 사람에게도 사랑받을 가치가 없다고 생각했다.

분노의 감정은 매우 좋지 않았고 나는 자주 폭발했다. 분노를 다루는 방법도, 고통을 다루는 방법도 몰랐다. 그래서 폭발했다. 하지만 이런 부분들을 아무에게도 말하지 않았기에, 부모님이나 선생님은 내가 폭발하는 것만 이야기할 것이고, 이는 문제를 악화시킬 것이다. 나는 모든 것을 항상 모욕적으로 받아들였다. 통제할 수 없는 것들에 화를 냈고, 내가 통제할 수 있는 것들에 대한 책임을 져야 한다는 것은 알지 못했다. 그저 모든 것을 아빠 탓으로 돌리고, 아빠가 내게 관심을 보여 주지 않으면 화가 난다는 것에 대해 선택의 여지가 없다고 생각했다.

고학년이 된 지금은 많은 것들이 좋아졌다. 나는 고통을 화로 덮어 두고 있다는 것을 깨달았고, 그것은 고통을 다루는 데 전혀 도움이 되지 않는다는 것도 알았다. 내가 화를 표현하는 방법이 잘못되어서 곤궁에 처했었기 때문에 모든 것을 더욱 안 좋게 만들었던 것이다. 엄마는 나를 상담사에게 보냈고, 상담사는 내가 고통에 대해 이야기하는 것을 도와주며 어떻게 화가 고통을 감추고 있는지를 보도록 도와주었다. 우리는 심지어 아빠가 바뀌지 않아도, 함께 살아갈 수 있다는 것에 대해서도 이야기했다. 아빠는 아마도 나를 자신의 방식대로 계속 사랑하실 것이다. 그리고 만약 아빠가 나를 사랑하지 않더라도, 그것이 내가 가치 없다는 것을 의미하는 게 아니다. 나는 아빠가 내 인생을 파괴하도록 두지 않을 것이다.

나는 더 이상 화를 내지 않지만, 그렇게 되기까지 많은 시간이 필요했다. 이제는, 정말로 화가 난다면 그 상황에서 벗어나 그것에 대해 충분히 생각해 보려고 할 것이다. 보통 내가 충

감정의 가면

분히 생각할 때 그것은 많이 나쁘지 않았었다. 분별력이 좀 더 생겼고, 한 번에 한 가지만 처리하여 나쁜 감정에 압도되지 않고 상황을 과장하지 않도록 노력하고 있다.

내가 하고 싶은 말은, 실제 느끼는 감정에 대해 생각하고 다루라는 것이다. 더 많은 문제를 일으킬 수 있으니, 감정을 분노로 덮지 않았으면 한다. 우리는 분노를 통제할 수 있다. 분노가 우리를 통제할 필요가 없다.

—릭, 17세

고통을 줄이는 법

👩‍🏫 발달의 관점

청소년들의 시간 감각은 여전히 매우 즉각적입니다. 그들은 '지금, 여기'만을 생각합니다. 낙담, 애매함, 우울, 수치심 및 혼란과 같은 감정은 종종 견딜 수 없는 것처럼 보입니다. 청소년들은 이러한 감정을 건설적으로 다루는 능력이 부족할 수 있기 때문에 고통을 다루는 가장 쉬운 방법을 선택할지도 모릅니다. 즉, 약물이나 알코올로 감정을 마비시키려고 하거나, 섭식장애를 통한 통제의 환상을 가짐으로써 감정을 통제하려고 할지도 모릅니다. 이러한 방법은 고통을 느끼지 않게 하는 효과적인 방법이 아니며, 장기적으로 매우 부정적인 영향을 미칩니다.

👩‍🏫 목표

▷ 정서적 고통을 완화시키는 건강한 방법과 건강하지 않은 방법 구별하기

👷 준비물

▷ 칠판

▷ 4명으로 구성된 각 그룹에게 제공할 잡지, 가위, 접착제, 포스터용 큰 보드지 및 마커

👩‍💼 진행 절차

1. 학생들에게 고통스러운 감정의 예를 재빠르게 브레인스토밍하게 하면서 활동을 시작합니다. 학생들은 예를 찾아서 칠판에 적습니다. 그런 다음, 고통스러운 감정을 다루는 건강한 방법과 건강하지 않은 방법의 차이점에 대해 토론합니다. 예를 들어, 분노는 고통스러운 감정일 수 있는데, 이 분노를 다루는 건강하지 못한 방법은 술에 취하는 것입니다. 반면에, 분노를 다루는 건강한 방법은 분노에 대해 이야기하는 것입니다.

2. 4명을 한 그룹으로 나누고 준비물을 줍니다. 그들에게 포스터용 보드지의 아래

쪽 절반에 두 개의 열을 만들고, 한쪽에는 '고통스러운 감정을 다루는 건강한 방법'을, 그리고 다른 한쪽에는 '고통스러운 감정을 다루는 건강하지 않은 방법'이라고 표시하도록 합니다. 각각의 그룹에게 포스터의 맨 위에 여러 가지 고통스러운 감정을 나열하도록 합니다. 그런 다음, 학생들에게 이들 감정을 다루는 건강하거나 건강하지 않은 방법들을 나타내는 사진을 잡지에서 찾도록 합니다. 만약 학생들이 적절한 사진을 찾을 수 없다면, 상징을 그림으로 그리거나 그들의 제안을 나타내는 단어를 사용하도록 합니다.

3. 포스터가 완성된 후 각 그룹의 포스터를 전체 그룹과 공유하도록 합니다.
4. 내용 질문과 개인 질문에 대해 토론합니다.

🧑‍🏫 토론

내용 질문

1. 고통스러운 감정을 다루는 건강한 방법 혹은 건강하지 않은 방법 중 어느 것을 찾기가 더 어려웠나요?
2. 다른 그룹에서도 동의했나요? 건강하다고 한 것을 다른 그룹에서 해롭다고 표시한 것이 있나요? 혹은 그 반대의 경우가 있나요? (예시를 공유합니다.)
3. 무엇이 건강하지 못한 방법을 만드나요? 그 방법이 장기적으로 고통을 줄여 준다고 생각하나요? 그렇다면 그 이유는 무엇인가요? 그렇지 않다면 그 이유는 무엇인가요?

개인 질문

1. 자신이 고통을 줄이는 방법은 일반적으로 건강한가요 혹은 건강하지 않은가요? 그것에 대해 어떻게 생각하나요?
2. 만약 과거에 건강하지 않은 방법을 시도했다면, 이것이 삶에 어떤 영향을 주었나요? 만약 그것을 다시 한다면, 무엇을 다르게 할 건가요?
3. 이번 수업에서 고통스러운 감정을 다루는 데 도움이 된 것이 있나요?

🧑‍🏫 후속 활동

학교 사서 선생님에게 고통스러운 감정을 다루는 건강한 방법을 묘사한 책의 예를 요청하고, 그 책을 학생들이 읽을 수 있도록 합니다.

좋은 친구라면 이래야 해

15세

🧑‍🏫 발달의 관점

청소년들은 추상적으로 사고하는 기술이 점차 발달하긴 하지만, 사물을 있는 그대로 받아들이는 경향이 있고, 친구들은 어떤 식으로 행동해야 한다는 강한 기준을 갖고 있기에 대인관계에서 많은 문제가 발생합니다. 그들은 스스로에게 자주 화가 나고 자신의 기대 혹은 잘못된 해석으로부터 야기된 오해를 효과적으로 다루지 못합니다.

👩‍🏫 목표

▷ 대인관계 문제를 다루기 위한 합리적인 사고 기술 배우기

👷 준비물

▷ 칠판

▷ 각 학생에게 제공할 종이와 연필

▷ 학생 2명당 하나씩 제공할 '좋은 친구라면 이래야 해–분류판'(활동지 10)과 '좋은 친구라면 이래야 해–게임 카드'(활동지 11)가 담긴 봉투

👩‍💬 진행 절차

1. 학생들에게 다음을 경험했다면 손을 들도록 합니다.

  ▶ 친한 친구와의 논쟁

  ▶ 어떤 일을 실제보다 더 확대 해석해서 생긴 친구의 오해

  ▶ 자신이 생각한 방식대로 친구가 행동하지 않아서 발생한 의견 불일치

  ▶ 자신이 옳다고 생각한 것을 친구가 동의하지 않아서 생긴 싸움

2. 이 수업의 목적은 친구들과 더 나은 관계를 유지하는 데 도움이 되는 몇 가지 기술에 대해 배우는 것이라고 설명합니다. 학생들에게 파트너를 찾도록 합니다. 짝을 이룬 두 사람에게 '좋은 친구라면 이래야 해–분류판'(활동지 10)과 게임 카

드(활동지 11)가 담긴 봉투를 하나씩 줍니다. 그런 뒤 지시사항을 읽게 하고 활동을 진행하게 합니다.

3. 학생들이 분류를 마치면 짝과 함께 또 다른 그룹에 합류하여 각 범주에 있는 카드를 공유하도록 합니다.

4. 4명의 한 그룹이 카드를 공유할 시간을 가진 후 다음을 토론합니다.

> 친구가 어떤 방식으로 행동해야 한다는 고정관념이 있기 때문에 가끔씩 친구와 관계를 맺는 것이 어렵다. 만약 친구가 우리가 갖고 있는 기준을 준수하지 않으면, 우리가 원하는 대로 일이 진행되지 않기 때문에 화가 나고 속상하다. 그러나 만약 우리가 엄격한 기준을 두지 않는다면, 아마 덜 화가 날 것이다. 어떤 특정한 방식으로만 되기를 원한다 하더라도 때로는 그렇게 되지 않는다는 것을 깨달을 것이고, 많은 것을 요구할수록 화가 더 날 거라는 것도 깨달을 것이다.

5. 뜻대로 무언가가 잘 진행되지 않을 때 화를 냄으로써 오는 장점이 있는지 물어봅니다. 칠판에 다음의 내용을 적습니다.
   - ▶ 사건: 친구가 토요일에 함께 놀자고 해 놓고는, 토요일 당일이 되자 다른 할 일이 생겼다고 했다.
   - ▶ 생각: 그 친구는 나와 함께 놀자고 했기 때문에 약속을 어겨서는 안 된다.
   - ▶ 감정: 화가 난다.
   - ▶ 생각 바꾸기: 친구가 나와 함께 놀아야 한다고 생각했다 해서 반드시 그랬어야 하는 것은 아니다. 사람들은 마음을 바꿀 권리가 있다. 나는 그 친구가 나와 함께 놀았으면 좋았겠지만 그것에 대해 화를 낼 필요는 없다. 만약 친구와 다시 놀고 싶다면 화를 내는 것은 도움이 되지 않을 것이다.
   - ▶ 새로운 감정: 실망스럽고 짜증은 나지만 그만큼 화가 나는 것은 아니다.

   친구들에 대한 엄격한 기준을 갖는 것과 융통성 있게 생각하는 것의 차이에 대해 토론하고, 이 차이를 이해하는 방식이 또래관계에 어떤 영향을 미칠 수 있는지 토론합니다. 칠판에 있는 상황을 예로 들면서 학생들에게 다른 사건들을 찾아보게 합니다.

   학생들이 사건과 연관된 생각과 감정들을 함께 들여다보고 부정적인 감정이 덜해질 수 있도록 생각을 바꾸는 방법을 찾게 도와줍니다.

6. 내용 질문과 개인 질문에 대해 토론합니다.

토론

내용 질문

1. 카드들을 다른 카테고리로 분류하는 것이 어려웠나요? 어떤 카테고리에 카드가 가장 많았나요?

2. 친구들에 대한 엄격한 기준과 융통성의 차이를 설명하는 예를 생각해 봅니다. 이것을 이해함으로써 다른 사람들과 관계 맺는 데 차이를 만들 수 있다는 것이 보이나요?

15세

개인 질문

1. 친구와의 관계에서 합리적인 기대를 더 가지고 있나요, 아니면 비합리적인 기대를 더 가지고 있나요? 이것에 대해 어떻게 생각하나요?

2. 친구에게 요구하거나 반대로 친구가 당신에게 요구하는 사항의 예는 무엇이 있을까요? 이러한 요구가 다른 사람들과의 관계를 맺는 데에 어떤 영향을 미쳤나요?

3. 이 수업에서 배운 내용을 기초로 친구와의 관계를 개선하기 위해 무엇을 할 수 있을까요?

후속 활동

부모님과 선생님들이 '~해야 한다'는 고정관념에 대한 예시를 만들어서 분류판의 절차를 반복하도록 합니다.

좋은 친구라면 이래야 해

지시사항: 파트너와 함께 한 번에 한 장씩 '게임 카드'를 번갈아 뽑습니다. 각각의 카드를 읽고 그 카드가 어느 칸에 속해야 하는지 이야기를 나누어 봅니다. 그리고 게임 카드에 자신의 진술을 추가합니다.

합리적인 기대

비합리적인 기대

상황에 따라 합리적인 혹은 비합리적인 기대

좋은 친구라면 이래야 해

지도자 유의사항: 다음의 게임 카드를 각각 잘라서 봉투에 넣고, 두 사람당 한 세트씩 나누어 줍니다.

좋은 친구라면 내가 말하지 않아도 내 기분이 어떤지 알 수 있어야 해.	좋은 친구라면 내가 원할 때 시간을 낼 수 있어야 해.
좋은 친구라면 항상 진실만 말해야 해.	좋은 친구라면 항상 나한테 충실해야 해.
좋은 친구라면 항상 내 편이어야 해.	좋은 친구라면 내가 무엇이 필요한지 잘 감지하고 있어야 해.
좋은 친구라면 내가 필요할 때 항상 옆에 있어야 해.	좋은 친구라면 나와 같은 가치관을 가지고 있어야 해.
좋은 친구라면 내가 원하는 방식대로 행동해야 해.	좋은 친구라면 같이 있으면 항상 즐거워야 해.
좋은 친구라면 나의 분위기에 맞춰 줘야 해.	좋은 친구라면 나의 필요성보다 그의 필요성을 우선시하면 안 돼.
좋은 친구라면 그만하길 원할 때 물러설 줄 알아야 해.	좋은 친구라면 내 뒷담화를 하면 안 돼.
좋은 친구라면 나를 버려서는 안 돼.	좋은 친구라면 ~해야 해. (당신의 예)
좋은 친구라면 ~해야 해. (당신의 예)	좋은 친구라면 ~해야 해. (당신의 예)

사회성 발달 2 이성 친구들

🧑‍🏫 발달의 관점

12~14세 사이의 청소년들은 성장하는 속도에 따라 이성에 대해 긍정적인 감정보다 부정적인 감정을 더 가질 수 있습니다. 청소년이 누군가와 사귄다고 할지라도 그러한 관계는 종종 전화, 편지 교환, 그리고 학교에서 하는 대화를 통해 이루어집니다. 남자 그룹과 여자 그룹이 짝을 이루지 않고 함께 활동에 참여하는 것 또한 이 나이대에는 일반적입니다.

🧑‍🏫 목표

▷ 이성에 대한 감정들을 명료화하기

🧑‍🔧 준비물

▷ 각 학생에게 제공할 '이성 친구들—체크리스트'(활동지 12)와 연필

🧑‍🏫 진행 절차

1. 이 발달 단계에서는 어떤 학생들은 이성에 대해 매우 긍정적인 감정을 가질 것이고, 어떤 학생들은 이성과 어울리는 것에 신경조차 안 쓸 것이라는 점을 설명하면서 이번 수업을 시작합니다.

   학생들이 성숙함에 따라 그 감정이 점진적으로 변화할 것이고 이성 친구, 남자 친구 또는 여자 친구, 프로젝트를 위한 파트너 또는 큰 그룹에 속해 있는 아이들과 같은 다양한 형태의 관계를 갖게 될 것이라고 학생들에게 말합니다.

2. '이성 친구들—체크리스트'(활동지 12)를 나누어 주고 이를 완성하게 합니다. 학생들이 공유하는 것에 대해 괜찮다고 느끼면 소그룹으로 나눠서 답변을 공유하도록 합니다.

3. 내용 질문과 개인 질문에 대해 토론합니다.

토론

내용 질문

1. 이전에 이런 종류의 질문에 대해 생각해 본 적이 있나요?

2. 만약 답변에서 이성과 편하지 않다고 표시했다면, 이것은 무엇을 의미할까요? 모든 사람이 이성에 대해 똑같이 느껴야 한다고 생각하나요?

개인 질문

1. 체크리스트를 완성하는 것이 이성에 대한 감정을 명료화하는 데 도움이 되었다고 생각하나요?

2. 만약 그렇다면 이성에 대한 감정에 어떤 결론을 내릴 수 있나요?

3. 이 감정들이 나이가 들면서 변할 거라고 생각하나요? 만약 그렇다면 어떤 식으로 변할 것 같나요?

후속 활동

학생들에게 '내가 배운 것'이라는 문장들을 만들고 체크리스트 맨 밑에 적도록 합니다. 그룹의 분위기에 따라 학생들은 자신이 적은 것을 편안하게 공유해도 됩니다.

이성 친구들

이름: _____ 날짜: _____

지시사항: 다음의 내용을 읽고, 각 문장에 대해 지금 시점에서 자신의 감정과 생각을 가장 잘 묘사하는 반응에 표시합니다. 원하지 않는다면 다른 사람과 답변을 공유하지 않아도 됩니다.

예 아니요 가끔

☐ ☐ ☐ 1. 이성에게 매력을 느낀다.

☐ ☐ ☐ 2. 이성인 누군가와 단둘이 있고 싶다.

☐ ☐ ☐ 3. 때때로 이성에 대해 꿈을 꾸거나 환상을 갖는다.

☐ ☐ ☐ 4. 이성과 함께 있는 것을 생각할 때 긴장한다.

☐ ☐ ☐ 5. 이성과 함께 있을 때 좀 더 자신감을 갖길 원한다.

☐ ☐ ☐ 6. 남녀 혼합 그룹에서 어울리는 것이 좋다.

☐ ☐ ☐ 7. 이성이 멍청하게 행동한다고 생각한다.

☐ ☐ ☐ 8. 이성에게 전화하는 것이 부끄럽다고 느낀다.

☐ ☐ ☐ 9. 이성과 함께 있을 때 자의식을 느낀다.

☐ ☐ ☐ 10. 이성과 함께 있을 때 나는 항상 잘못된 말을 하는 것 같다.

☐ ☐ ☐ 11. 이성이 나를 좋아했으면 좋겠고 같이 사귀었으면 좋겠다.

☐ ☐ ☐ 12. 이성과 함께 있을 때 어떻게 행동해야 할지 모르겠다.

☐ ☐ ☐ 13. 이성과 어울리는 것이 재미있다고 생각한다.

☐ ☐ ☐ 14. 이성과 얼굴을 맞대고 말하는 것보다 전화로 이야기하는 것이 더 쉽다.

☐ ☐ ☐ 15. 이성이 내 외모에 대해 어떻게 생각하는지를 걱정한다.

☐ ☐ ☐ 16. 이성이 내가 똑똑하다고 생각하는지를 걱정한다.

☐ ☐ ☐ 17. 이성과 함께 있을 때 무엇을 말할지를 걱정한다.

☐ ☐ ☐ 18. 이성보다는 오히려 동성인 사람들과 어울리는 것이 낫다.

자신만의 길을 가기

15세

발달의 관점

청소년들은 이 시기에 우정에 대해 모든 것을 소비하지만, 성장하는 속도가 매우 다양하므로 우정을 만드는 방식이 급격히 변하는 것이 일반적입니다. 이러한 변화는 일부 청소년들이 흡연, 음주, 약물 사용 또는 성적인 활동을 하는 반면, 다른 청소년들은 그러한 행동에 저항하기 때문에 발생합니다. 이러한 변화는 대인관계에서 혼란과 갈등을 야기합니다.

목표

▷ 변하는 우정에 대한 감정 탐색하기
▷ 변하는 우정을 다룰 방법 알아보기

준비물

▷ 칠판
▷ 각 학생에게 제공할 종이와 필기구
▷ 각 학생에게 제공할 '자신만의 길을 가기 – 이야기'(활동지 13)

진행 절차

1. 종이와 연필을 꺼내서 6학년 때 가장 많은 시간을 보낸 친구 3명의 이름을 쓰도록 하면서 이 수업을 시작합니다. 중학교 때의 친구 3명의 이름도 씁니다.

친구들의 목록을 보면서 이 친구들이 시간이 지나면서 바뀌었는지 여부를 토론하게 합니다. 만약 바뀌었다면 바뀐 이유에 대해서 토론합니다(학생들에게 이름을 언급하지 않도록 강조합니다).

변하게 된 이유를 칠판에 적고, 바뀐 우정과 연관된 감정들을 이끌어 냅니다.

토론이 끝날 때 우정이 변하는 것과 개인이 이런 변화에 복합적인 감정을 가지는 것은 매우 정상이라는 것을 강조합니다.

2. '자신만의 길을 가기−이야기'(활동지 13)를 나누어 줍니다. 학생들에게 이야기를 읽은 다음 이야기에서 보여 주는 우정을 만드는 방식과 자신의 방식을 비교하여 간단한 반응을 쓰도록 합니다.

3. 반응을 공유하기 위해 학생들을 3명씩 한 그룹으로 나누고, 내용 질문과 개인 질문에 대해 토론합니다.

토론

내용 질문

1. 자신의 상황은 이 이야기에서 묘사된 상황과 어떻게 비슷하거나 다른가요?
2. 이야기에 설명된 상황이 일반적이라고 생각하나요? 그 이유는 무엇인가요?

개인 질문

1. 지난 1년 또는 2년 동안 친구들이 바뀌었나요? 그렇다면 이것에 대해 어떻게 생각하나요?
2. 친구가 바뀌었다면, 자신은 이런 일이 일어나기를 바랐나요? 그렇지 않았다면 이 변화에 대한 감정을 어떻게 다루었나요?
3. 친구들이 바뀌었다면, 옛 친구 그룹에 대해 그리워하는 것들이 있나요? 그리워하지 않는 것은 무엇인가요? (토론하도록 합니다.)

후속 활동

계속해서 변화하는 친구들에 대한 감정을 표현하는 시를 쓰거나 노래를 만들도록 합니다.

자신만의 길을 가기

여름에 다 함께 처음 놀기 시작했을 때, 모든 게 거의 완벽하다고 생각했다. 우리는 있는 그대로의 모습으로 행동할 수 있었고 그 누구도 서로를 평가하지 않았다. 항상 서로의 집에 모여서 놀았다. 가끔은 모두 모이고 또 가끔은 일부만 만났지만, 그건 별로 신경 쓰이지 않았다. 그냥 모두가 있는 그대로 좋았다.

그러나 학기가 시작되었고 모든 게 변하기 시작했다. 주말에 내 가장 친한 친구 두 명이 다른 학교에서 온 친구들과 어울리기 시작했고, 또 다른 친구는 같은 무리가 아닌 남자애와 사귀기 시작해서 우리는 그 친구를 자주 볼 수 없었다. 곧 우리는 해체되기 시작했다. 여전히 친한 친구였지만 많은 것이 변했다.

어느 날 밤, 가장 친한 친구 한 명이 나에게 전화를 했다. 그 친구가 말한 것은 그가 우리 친구들 모임에 얼마나 어울리기 싫어하는지에 대한 것이었다. 나도 어느 정도 동의했다. 친구는 큰 모임의 일부가 되는 것에 압박을 느꼈고, 불쾌해했다. 나는 그 친구가 공부하는 것보다 우리와 어울리는 데 시간을 더 보냈기 때문에 친구의 성적이 떨어지고 있다는 것을 알고 있었다. 그것은 다른 아이들도 똑같았다. 다른 아이들도 모임에 대해 같은 방식으로 느끼기 시작했다. 그러나 한편으로는 모두 같이 노는 것을 즐겼고, 공통점이 많았다. 그리고 서로를 위해 어떤 것이든 할 수 있었다. 최소한 나는 그랬다.

몇 주 후, 나에게 전화했던 남자아이가 소위 잘나가는 무리의 한 여자아이를 좋아한다는 것을 알게 됐다. 그들은 곧 사귀게 됐다. 그 여자아이는 남자아이에게 습관을 바꾸라고 했다. 나는 남자아이가 변화를 원하는 것을 존중했지만, 우리의 배려심 많은 우정을 이해하지 못하는 그 고집 센 여자아이는 존중하지 않았다. 무리에 있는 또 다른 남자아이도 다른 무리의 여자애와 어울리기 시작했는데 그 애 역시 남자가 변하기를 원했다. 우리는 조금씩 점점 멀어지는 것 같았다.

나는 소외된 기분이 들었다. 하지만 내가 원하더라도 다른 사람들을 바꿀 수 없다는 것을 알고 있었다. 그래서 나는 스스로 행동을 해야겠다고 결심하고, 다른 학교를 다니는 남자아이를 만나기 시작했다. 나의 옛 그룹의 가장 친한 친구 두 명과 그들의 남자 친구들, 그리고 내 남자 친구와 거의 매주 어울렸다. 우리는 즐거웠지만 예전 같지는 않았다. 우리는 완전히 서로 다른 방향으로 나아갔다. 나는 여전히 이 친구들 모두를 사랑한다. 그들에게 전화를

자신만의 길을 가기

하면 바로 모여서 어울렸던 그 우정이 그립다.

　모든 게 변한다는 것을 깨달았다. 솔직히 다른 학교를 다니는 남자아이와 어울리는 것이 즐겁기도 했다. 왜냐하면 새로운 사람을 만나는 것을 좋아하기 때문이다. 하지만 여전히 옛날 친구들과 종종 만나서 어울렸으면 하는 바람도 있다. 그들이 그립지만 계속 그러고만 있지는 않을 것 같다. 나는 즐거운 시간을 보내고 있고, 과거에 얽매이지 않을 것이다.

－벳, 15세

사회성 발달 4

또래 압력에 저항하는 법

15세

 발달의 관점

대부분의 청소년은 또래 사이에서 소외되지 않기 위해 노력하기 때문에, 부정적인 영향을 줄 수 있는 활동에 참여해야 한다는 압박감이 강합니다. 이 시기에는 그냥 싫다고 말하는 것이 쉽지 않지만, 청소년들은 무리를 따르게 될 때 얻는 결과에 대해 생각하는 것이 중요합니다.

목표

▷ 긍정적인 또래 압력과 부정적인 또래 압력 알아보기

▷ 또래 압력에 굴복하면 얻는 결과 알아보기

▷ 부정적인 또래 압력에 저항하는 방법 알아보기

준비물

▷ 각 학생에게 제공할 '또래 압력에 저항하는 법-활동지'(활동지 14)와 종이, 연필

▷ 종이 여러 장, 마커, 마스킹 테이프

진행 절차

1. '또래 압력'에 대한 용어를 토론하면서 수업을 시작합니다.

   ▶ 또래 압력은 긍정적인가, 부정적인가, 둘 다인가?

   ▶ 부정적인 또래 압력의 예는 무엇인가?

   ▶ 긍정적인 또래 압력의 예는 무엇인가?

   ▶ 또래 압력에 저항하는 것이 쉬운가, 어려운가?

   ▶ 또래 압력에 굴복하여 얻는 결과가 있는가?

2. 토론을 한 다음에는 학생들 개별적으로 두 가지 예를 생각하도록 합니다.

   즉, 자신이나 자신이 아는 누군가가 부정적인 또래 압력에 굴복했을 때, 그리고 긍정적인 또래 압력에 굴복했을 때의 결과들을 함께 보여 주면서 이 부정적이고

긍정적인 예를 설명하는 짧은 글을 쓰도록 합니다. 이름은 쓰지 않도록 강조하면서 서로의 예를 공유하도록 합니다.

3. 각 학생들에게 '또래 압력에 저항하는 법-활동지'(활동지 14)를 나누어 주고 작성하게 합니다.

4. 학생들을 4명씩 한 그룹으로 나누고 활동지에 쓴 답변을 공유하도록 합니다. 토론할 충분한 시간을 주고, 각각의 그룹에게 부정적인 또래 압력에 저항할 수 있을 것 같은 방법을 적어도 두 가지를 쓰도록 합니다.
그 방법들을 용지에 기록하고 향후 참고를 위해 교실에 게시합니다.

5. 내용 질문과 개인 질문에 대해 토론합니다.

🧑‍🏫 토론

내용 질문

1. 활동지에 제시된 문제에 대해 부정적인 결과가 있었나요?
2. 활동지에 제시된 문제에 대해 긍정적인 결과가 있었나요?
3. 어떤 문제가 가장 부정적인 결과를 초래할 수 있다고 생각하나요?
4. 활동지에 기술된 것 중 또래 압력이 있나요?
5. 자신이 불편함을 느끼거나 매우 부정적인 영향을 미치는 일을 함으로써 생길 수 있는 결과가 타인을 불쾌하게 함으로써 생길 수 있는 결과보다 더 좋다고 생각하나요? 혹은 더 나쁘다고 생각하나요?

개인 질문

1. 부정적인 결과를 초래할 수 있는 일을 하라는 또래 압력을 경험한 적이 있나요? 그렇다면, 어떻게 느꼈으며 어떻게 다루었나요? 그것을 다루는 방식에 대해 어떻게 느꼈나요?
2. 긍정적인 결과를 초래할 수 있는 일을 하라는 또래 압력을 경험한 적이 있나요? 그렇다면, 어떻게 느꼈으며 어떻게 다루었나요? 그것을 다루는 방식에 대해 어떻게 느꼈나요?
3. 또래 압력에 저항하는 게 어렵나요? 그렇다면 왜 어렵다고 생각하나요?
4. 행동에 따르는 결과에 대해 불편함을 느낀다면 또래 압력에 저항하는 데 무엇이 도움이 될 거라고 생각하나요?

후속 활동

또래 압력에 성공적으로 저항한 선배 학생들을 초대하여, 그들이 어떻게 할 수 있었는지 대화를 나누도록 합니다.

또래 압력에 저항하는 법

이름: _____   날짜: _____

지시사항: 다음 시나리오를 읽고, 각각에 대해 가능한 결과들을 파악한 뒤 또래 압력이 긍정적인지 부정적인지를 알아보세요.

1. 친구와 백화점에 갔다. 정말로 원하는 CD를 보았지만, 그것을 살 돈이 없다. 친구는 주위를 둘러보면서 아무도 보고 있지 않다며, 셔츠 아래에 CD를 넣으라고 한다.
   이 영향에 굴복한다면 얻을 수 있는 결과를 파악해 보세요: _____
   _____
   이 영향이 긍정적이라고 생각하나요? 부정적이라고 생각하나요? _____

2. 친구에게 집에서 자고 가라고 했다. 같이 영화를 보고 있는데 그 친구에게 전화가 왔다. 친구는 한동안 통화하고 나서, 다른 애들이 엄마가 잠들면 몰래 집을 나와 공원에서 만나서 놀자고 했다고 말한다.
   이 영향에 굴복한다면 얻을 수 있는 결과를 파악해 보세요: _____
   _____
   이 영향이 긍정적이라고 생각하나요? 부정적이라고 생각하나요? _____

3. 친구 집에 놀러 갔다. 친구의 오빠와 오빠 친구들이 있었다. 이들은 지하실에서 음악을 들으며 앉아 있었다. 당신과 친구는 지하실로 내려갔고 그들이 담배 피우는 것을 보았다. 그들은 당신도 피우고 싶은지 물어봤다. 처음에는 안 피운다고 말했으나 친구는 피우겠다고 했다. 그들은 당신에게 다시 물어보았다.
   이 영향에 굴복한다면 얻을 수 있는 결과를 파악해 보세요: _____
   _____
   이 영향이 긍정적이라고 생각하나요? 부정적이라고 생각하나요? _____

또래 압력에 저항하는 법

4. 당신은 다른 무리의 친구들과 놀기 시작하면서 담배를 피우게 됐다. 그리고 운동부를 비롯한 모든 학교 활동을 중단했다. 몇몇 예전 친구가 담배를 그만 피우고 예전의 아이로 다시 돌아와 달라고 말한다.

   이 영향에 굴복한다면 얻을 수 있는 결과를 파악해 보세요: ＿＿＿＿＿＿＿＿＿＿＿

   ＿＿＿＿＿＿＿＿＿＿＿＿＿＿＿＿＿＿＿＿＿＿＿＿＿＿＿＿＿＿＿＿＿＿＿＿＿

   이 영향이 긍정적이라고 생각하나요? 부정적이라고 생각하나요? ＿＿＿＿＿＿＿＿＿＿

5. 당신은 고2인 남학생을 좋아한다. 그는 당신에게 전화하기 시작했다. 부모님은 이를 좋아하지 않았고 당신을 못 나가게 했다. 정말로 그와 함께 있기를 원해서 이 문제를 친구 한 명과 이야기했다. 친구는 자신과 영화를 보고 저녁 시간을 보낼 거라며 부모님에게 거짓말하고 남학생과 데이트하라고 말했다. 부모님이 알아차릴까 걱정이 된다고 말했지만 친구는 그런 일은 일어나지 않을 거라며 계속 그렇게 하라고 했다.

   이 영향에 굴복한다면 얻을 수 있는 결과를 파악해 보세요: ＿＿＿＿＿＿＿＿＿＿＿

   ＿＿＿＿＿＿＿＿＿＿＿＿＿＿＿＿＿＿＿＿＿＿＿＿＿＿＿＿＿＿＿＿＿＿＿＿＿

   이 영향이 긍정적이라고 생각하나요? 부정적이라고 생각하나요? ＿＿＿＿＿＿＿＿＿＿

6. 당신은 정말 난폭한 아이들과 어울리는 여자애와 사귀게 됐다. 친구들 몇 명이 그 여자애가 당신에게 좋지 않은 영향을 줄 것이고 그 애와 계속 사귀면 결국 문제가 발생할 것이라고 말하려고 한다.

   이 영향에 굴복한다면 얻을 수 있는 결과를 파악해 보세요: ＿＿＿＿＿＿＿＿＿＿＿

   ＿＿＿＿＿＿＿＿＿＿＿＿＿＿＿＿＿＿＿＿＿＿＿＿＿＿＿＿＿＿＿＿＿＿＿＿＿

   이 영향이 긍정적이라고 생각하나요? 부정적이라고 생각하나요? ＿＿＿＿＿＿＿＿＿＿

7. 당신은 외출금지를 당해서 집에서 못 나간다. 하지만 엄마는 외출을 하셨고, 여동생은 친구와 함께 집에 있다. 당신이 막 어울리기 시작한 선배가 전화해서 같이 놀고 싶은지 물어보았다. 선배에게 지금 외출금지여서 집을 나가면 안 된다고 말했는데, 선배는 당신이 원한다면 몰래 빠져나갈 수 있다고 말한다. 그러면서 엄마가 집에 도착하기 전에 돌아올 수 있으니 문제가 안 될 거라고 말한다. 당신은 이 선배와 너무 친해지고 싶었기 때문

또래 압력에 저항하는 법

에 밖에 나가는 것에 대해 진지하게 고민한다.

이 요구에 굴복한다면 얻을 수 있는 결과를 파악해 보세요: _____

_____

이 영향이 긍정적이라고 생각하나요? 부정적이라고 생각하나요? _____

8. 오랫동안 좋아했던 선배가 드디어 당신에게 관심을 갖기 시작했다. 부모님은 그와 어울리는 것을 허락하지 않으셨는데, 부모님이 금요일 밤에 외출하실 예정이기 때문에 당신은 선배를 초대했다. 선배는 여러 명의 친구와 함께 왔는데 이미 술을 조금 마신 상태였다. 처음에는 다 같이 앉아서 이야기만 했지만 이들 중 1명이 맥주를 사 와서 마시라고 권했고 당신은 안 마신다고 했다. 조금 있다가 친한 친구가 왔는데, 친구는 그들이 권한 맥주를 받으면서 당신에게 왜 마시지 않느냐고 물어보았다. 당신은 좋아하는 선배가 맥주를 받지 않은 당신보다 맥주를 받은 친구를 더 괜찮게 볼까 봐 두려웠다.

이 요구에 굴복한다면 얻을 수 있는 결과를 파악해 보세요: _____

_____

이 영향이 긍정적이라고 생각하나요? 부정적이라고 생각하나요? _____

9. 당신은 담배를 원했으나 돈이 없었다. 친구들에게 마트에서 담배를 훔쳐 올 것이라고 말했다. 친구들은 그렇게 하지 말라고 당신을 설득하려 한다.

이 요구에 굴복한다면 얻을 수 있는 결과를 파악해 보세요: _____

_____

이 영향이 긍정적이라고 생각하나요? 부정적이라고 생각하나요? _____

10. 당신은 학교에서 안 좋은 성적을 받았고, 부모님은 2주 동안 외출금지를 시켰다. 과학은 점수가 가장 안 나오는 과목이었고 뭘 하든 간에 성적을 올릴 수가 없었다. 내일 시험이 있어서 걱정하다가 이것에 대해 친구에게 이야기했는데 친구는 내일 자신의 답안을 베껴도 된다고 말한다. 그건 좋은 생각이 아니라고 말했지만, 친구는 평생 외출금지를 받고 싶냐면서 자기의 과학 성적이 좋으니 걱정하지 말고 이 상황에서 벗어날 생각만 하라고 한다.

또래 압력에 저항하는 법

이 요구에 굴복한다면 얻을 수 있는 결과를 파악해 보세요: _____
_____

이 영향이 긍정적이라고 생각하나요? 부정적이라고 생각하나요? _____

11. 당신은 오빠 친구 중 1명을 오랫동안 좋아해 왔지만, 그는 이미 누군가를 만나고 있다. 그런데 갑자기 그가 당신에게 관심을 갖기 시작했다. 그는 집에 자주 놀러 왔고 두 사람은 통화도 많이 하게 됐다. 그는 당신에게 호감을 표현하는 쪽지를 썼고 지난주에는 꽃도 보냈다. 부모님은 그와 데이트하기에는 당신이 너무 어리다고 말했지만, 당신은 부모님께 친구와 영화 보러 간다고 거짓말을 하고 그를 만났다. 그는 영화를 보는 동안 스킨십을 많이 했고 그것을 매우 좋아한다. 그는 당신과 더 하고 싶다고 계속 말한다. 이를 받아 주지 않으면 그가 전 여자 친구에게 돌아가거나, 그가 원하는 것을 들어줄 다른 사람을 만날까 봐 두렵다.

이 요구에 굴복한다면 얻을 수 있는 결과를 파악해 보세요: _____
_____

이 영향이 긍정적이라고 생각하나요? 부정적이라고 생각하나요? _____

12. 친구들과 자전거를 타고 다니며 어울리는 것을 좋아하는 당신은 좀 더 흥미가 가득한 옆 동네를 가 보자고 제안한다. 함께 있는 친구들은 그곳에 나쁜 형들이 많아서 위험하기 때문에 가고 싶어 하지 않는다. 당신은 그들에게 겁쟁이라고 말한다. 친구들은 가지 않겠다고 하면서 함께 갈 다른 사람을 찾으라고 말한다.

이 요구에 굴복한다면 얻을 수 있는 결과를 파악해 보세요: _____
_____

이 영향이 긍정적이라고 생각하나요? 부정적이라고 생각하나요? _____

남들은 나를 지배할 수 없어

🧑‍🦰 발달의 관점

청소년들은 특히 대인관계에 매우 취약할 수 있습니다. 그들은 잔인하고 종종 악의적인 괴롭힘, 뒷담화, 비하와 같은 것의 희생자인 것처럼 느끼고, 결과적으로 무력감을 느낍니다. 이러한 관계의 어려움을 효과적으로 다룰 수 있는 정서적 기술들을 갖출 수 있게 해 주는 것은 그들에게 힘을 주고 우울증과 자멸적인 행동을 피할 수 있도록 해 줍니다.

🧑‍🦰 목표

▷ 괴롭힘, 뒷담화, 그리고 비하를 효과적으로 대처하는 방법 배우기

🧑‍🦰 준비물

▷ 종이와 연필
▷ 다음의 세 가지 제안이 쓰여 있는 종이
　－나를 괴롭히거나 나에 대해 나쁜 말을 하는 사람들을 멀리하기
　－나를 더 존중하는 사람들을 찾기
　－남들이 말한 것이 사실이 아니라고 스스로에게 말하기
▷ 마스킹 테이프

🧑‍🦰 진행 절차

1. 괴롭힘을 받았거나 뒷담화 혹은 비하를 당해 본 적이 있는 학생들에게 손을 들도록 함으로써 이번 수업을 시작합니다. 이런 일이 매우 흔하다는 것을 말하면서, 학생들이 이것을 경험할 때 기분이 어떤지 이야기를 나눕니다.
2. 학생들에게 파트너를 선택하도록 합니다. 그런 다음 괴롭힘, 뒷담화 그리고 비하를 다루는 방법에 대한 제안이 적힌 종이를 나누어 줍니다. 파트너와 함께 그들이 사용했거나 그런 상황을 다루는 데 도움이 될 만한 다섯 가지 제안들을

추가적으로 적어 보도록 합니다.

3. 파트너와 함께 다른 그룹에 합류하여 제안을 토론하도록 합니다. 4명이 함께 목록 중에서 가장 좋은 다섯 가지 제안을 선택하여 전체 그룹과 이 목록을 공유하도록 준비시킵니다.

4. 각각의 그룹이 목록을 공유한 후, 큰 종이에 제안들을 씁니다. 학생들이 반응할 시간을 주고 각 제안의 실행 가능성에 대해서 토론하게 합니다.

5. 학생들이 괴롭힘, 뒷담화 혹은 비하와 관련된 대인관계의 어려움을 보다 효과적으로 다룰 수 있도록 다음의 'A-B-C 모델'을 가르칩니다.

▶ A = 부정적 사건

예를 들면, 누군가가 당신을 놀립니다.

▶ B = 이 사건에 대한 당신의 생각

일부 학생들은 놀림을 무시하고 별로 큰 문제가 아니라고 생각할 수 있습니다. 반면에, 다른 학생들은 그 사람들이 이런 행동을 하는 것이 끔찍하고, 이런 식으로 행동해서는 안 된다고 생각하며 참을 수 없어서 화가 날 수도 있습니다. 주로 진실이 아니지만, 이들은 상대방이 자신에 대해 말한 내용이 사실인지 아닌지 확인조차 안 할 것입니다. 예를 들어, 누군가가 당신을 바보라고 부른다면 당신은 바보인가요? 아마도 아닐 겁니다. 하지만 만약 이것에 대해 화를 낸다는 것은, 당신이 마치 그것이 사실인 것처럼 행동하는 것과 같습니다.

▶ C = 이 사건에 대한 당신의 감정

대부분의 사람들은 누군가가 자신을 놀리거나 뒷담화하거나 비하하면 자동적으로 기분이 나쁘거나 속상하거나 화를 낸다고 가정합니다. 당연히 당신은 그것을 좋아하지 않을 것이지만, 그것을 참을 수 없고 그 사람이 그런 행동을 해서는 안 된다고 생각하거나 당신에 대해 말한 것이 진실이라고 믿는다면 훨씬 더 화가 날 것입니다.

▶ D = 당신의 생각과 감정을 바꾸기

만약 화를 덜 내고 싶다면, '자기대화'를 하며 상황에 대해 다르게 생각해야 합니다. 물론 누군가 당신에 대해 나쁜 말을 하는 것은 좋은 일은 아닙니다. 그러나 누군가가 그 말을 한다고 해서 그 말이 진실인 것을 의미할까요? 그리고 그게 사실이더라도 그것이 당신을 나쁜 사람으로 만드나요? 또한 당신은 정말로 그 사람이 그런 말을 하지 못하게 막을 수 있나요?(아마도 그럴 수 없을 것이고, 때로는 더 열심히 막을수록 그 사람은 더 많이 시도할 것입니다.) 물론, 당신은 그것을 좋아하지 않으며 그 사람은 그런 행동을 하면 안 되지만 많은 사람들은 하지 말아야 할 일들을 하곤 합니다. 당신이 그것에 대해 화를 내는 게 무슨 도움이 될까요? 대신, 그것에 대처하고 우울해지지 않기 위해 스스로에게 말할 수 있는 것들을 생각합니다.

6. A-B-C 모델을 설명한 후, 각 그룹이 괴롭힘, 뒷담화 혹은 비하를 당한 경험의 예를 떠올리도록 합니다. 그리고 A-B-C 모델을 사용하여 분노, 우울, 기분 상함을 줄이기 위해 자기대화를 할 수 있는 것들을 만들게 합니다.

7. 내용 질문과 개인 질문에 대해 토론합니다.

토론

내용 질문

1. 그룹이 제안한 것들 중에 어떤 것이 괴롭힘, 뒷담화 혹은 비하를 다루는 데 가장 효과적이라고 생각했나요?

2. A-B-C 모델이 괴롭힘, 뒷담화 혹은 비하와 관련된 문제들을 다루는 데 어떻게 도움이 될 수 있다고 생각하나요?

개인 질문

1. 괴롭힘을 받았거나 뒷담화 혹은 비하를 당해 본 적이 있나요?

   만약 있다면, 그것에 대해 어떻게 느꼈나요? 그것을 어떻게 다루었나요?

2. 다음에 만약 이런 일들이 일어난다면 무엇을 하겠나요?

후속 활동

학생들이 괴롭힘을 당했거나 뒷담화 혹은 비하를 당해 본 구체적인 사례를 찾아보게 합니다. 사례들에 A-B-C 모델을 적용하게 합니다. 먼저 사건(A)을 파악한 다음, 감정(C)을 파악해야 합니다. 그런 다음, 다시 돌아가서 화나게 했던 생각을 적고 (B), 마지막으로 덜 화나게 스스로에게 말할 수 있는 것을 찾아내도록 합니다(D).

두드러진 솔루션

인지 발달 1

👩‍🏫 발달의 관점

이 발달 단계 동안, 청소년들은 여전히 문제에 대한 여러 해결책을 찾는 데 능숙하지 않습니다. 어른들은 이들이 해결책을 쉽게 찾을 수 있다고 생각하기 때문에 종종 불만스러움을 느낍니다. 그러나 청소년들은 추상적인 사고방식이 점진적으로 이루어지기 때문에 필요할 때에는 그런 기술들이 부족할 수 있습니다. 청소년들이 하는 많은 결정이 부정적인 결과를 초래할 수 있으므로, 이들이 다양한 해결책을 찾을 수 있도록 가르치는 것이 필요합니다.

👩‍🏫 목표

▷ 문제 상황들에 대해 여러 해결책을 찾는 기술 개발하기

▷ 여러 해결책을 찾는 것에 대한 중요성 인식하기

👷 준비물

▷ 4명 그룹에게 제공할 10cm 정도의 두꺼운 신문, 마스킹 테이프, 가위, 용지 여러 장, 마커

▷ 4명 그룹에게 제공할 '두드러진 솔루션-관찰자 기록지'(활동지 15)

▷ 각 학생에게 제공할 연필과 종이

👩‍🏫 진행 절차

1. 패션쇼에서 보여 줄 의류들을 디자인하기 위해 그룹으로 함께 작업할 것이라고 설명하면서 수업을 시작합니다. 학생들은 주어진 자료만 사용할 수 있으며, 과제를 완수하는 데 시간 제한이 있다고 말합니다. 4명씩 한 그룹으로 나누고, 각 그룹에서 1명을 관찰자로 지정합니다. 각 관찰자에게는 그룹의 활동을 관찰하면서 작성할 수 있도록 '두드러진 솔루션-관찰자 기록지'(활동지 15)를 나누어 줍니다.

2. 그룹이 디자인을 완성하도록 15~20분 정도 시간을 줍니다. 모든 작업이 끝나면 그룹들이 서로 디자인한 것을 입어 보도록 합니다. 그런 다음, 관찰자들에게 그룹이 작업하면서 들었던 모든 제안과 해결책에 대해 전체 그룹에게 보고하도록 합니다.

3. 각 학생에게 종이와 연필을 꺼내서 지난 2주 동안 완수해야 했던 한 가지 과제(집안일, 학교 프로젝트 등)를 생각해 보도록 합니다. 학생들에게 그 과제를 완수하기 위해 가능한 해결책이나 제안을 최대한 많이 적도록 합니다. 예시 등을 나누도록 합니다.

4. 내용 질문과 개인 질문에 대해 토론합니다.

🧑‍🏫 토론

내용 질문

1. 자신의 그룹은 과제를 완수하기 위해 얼마나 많은 제안을 생각해 냈나요? 모든 가능성을 스스로 생각할 수 있었나요, 아니면 다른 사람의 의견을 받는 것이 도움이 되었나요?

2. 자신의 과제에 대해 여러 해결책을 찾는 것이 얼마나 어려웠나요?

개인 질문

1. 결정을 내릴 때 일반적으로 다양한 해결책을 고려하나요, 혹은 하나만 고려하나요?

2. 과거에 다양한 해결책을 알았더라면 상황을 더 나아지게 할 수 있었던 적이 있나요? 다양한 해결 방법을 사용한다면 어떤 이점이 있을까요?

3. 해결해야 할 문제가 있거나 결정을 내려야 할 때 해결책을 찾기 위해 스스로에게 전적으로 의지해야 한다고 생각했나요, 아니면 다른 사람에게 도움을 요청할 수 있다고 생각하나요?

4. 이번 수업에서 배운 것을 삶에 어떻게 적용할 수 있나요?

🧑‍💻 후속 활동

각 학생에게 일주일 동안 내린 다섯 가지 결정 사항 또는 완료된 과제들을 기록해 두도록 요청합니다. 학생들이 시도한 해결책을 기록하도록 하고, 각 상황마다 적어도 세 가지 다른 해결책을 기록하게 합니다.

두드러진 솔루션

지시사항: 그룹원들이 작업을 완료하는 동안 이를 잘 관찰합니다. 주의 깊게 듣고 그룹이 떠올리는 가능한 해결책을 모두 적습니다.

제안된 해결책: _____

_____

_____

_____

_____

_____

_____

_____

_____

_____

_____

_____

_____

최종으로 선택된 해결책: _____

_____

_____

행동하기 전에 생각하기

👨‍🏫 발달의 관점

어린 청소년들의 시간 감각은 즉각적인 특성이 있습니다. 그래서 그들은 종종 앞서서 생각하고 자신의 행동의 결과를 예측하지 못합니다. 많은 청소년들이 장기적으로 부정적인 결과를 초래할 수 있는 행동에 관여하기 때문에 장기적·단기적 결과 모두에 대해 생각하는 법을 배우도록 돕는 것이 중요합니다.

👩‍🏫 목표

▷ 장기적·단기적 결과들을 파악하기
▷ 결과 예상하기에 대한 중요성 배우기

👷 준비물

▷ 칠판
▷ 학생 1명당 작은 초코바 1개씩
▷ 각 학생에게 제공할 '행동하기 전에 생각하기-이야기'(활동지 16), 연필과 종이

👩‍💼 진행 절차

1. 학생들에게 초코바를 나누어 주고, 그것을 먹게 하면서 수업을 시작합니다. 다 먹은 후에는 초코바를 먹은 것에 따르는 단기적인 결과에 대해 생각해 보라고 합니다. 학생들이 하나씩 말하면 이것을 칠판에 적습니다. 그런 다음, 장기적인 결과에 대해서도 물어보고 토론한 대로 나열합니다. 학생들에게 두 가지 유형의 결과들을 정의하도록 도와 달라고 요청합니다. 단기적인 결과는 일반적으로 가까운 미래(예: 최대 1주일)와 관련이 있고, 장기적인 결과는 몇 개월 혹은 더 길게 연장될 수도 있다고 말합니다. 몇 가지 예를 이끌어 내고, 학생들이 미래를 보거나 결과를 예측하지 않는다면 발생하는 일에 대해 토론하도록 합니다. 학생들에게 단기적으로 즐거운 결과를 가져올 수 있지만 장기적으로 심각한 부정

적인 결과를 초래할 수 있는 상황이 있는지 생각해 보고 예를 들어 달라고 요청합니다(예: 지금 담배를 피우는 것은 좋을 수도 있지만 장기적으로 봤을 때 암이 발생할 수 있다는 것).

2. '행동하기 전에 생각하기—이야기'(활동지 16)를 각 학생에게 나누어 줍니다. 학생들에게 이야기를 읽고 마지막에 나오는 질문에 응답하게 합니다.

3. 학생들이 읽고 다 쓴 후, 4명으로 나누어 이야기에 대한 반응과 질문에 대한 답변을 토론합니다.

4. 내용 질문과 개인 질문에 대해 토론합니다.

15세

🧑‍💼 토론

내용 질문

1. 이야기에서 나온 청소년은 행동하기 전에 행동의 결과에 대해 미리 생각했다고 생각하나요?

2. 제이미가 취한 행동 중 가장 최악의 결과를 초래하게 만든 것이 있을까요?

3. 제이미가 가장 후회하게 될 행동은 어떤 것인가요?

4. 제이미가 좋은 판단을 내렸다는 것을 어떻게 보여 줬나요?

개인 질문

1. 일반적으로 어떤 행동을 취하기 전에 그 결과에 대해 먼저 생각하나요? 그렇다면, 이것이 어떻게 도움이 된다고 생각하나요? 그렇지 않다면 그것에 따르는 결과에 만족하나요?

2. 행동을 취한 후 그 결과에 대해 후회한 적이 있나요? 만약 앞서서 먼저 생각했다면 결과가 달라졌을 거라고 생각하나요?

🧑‍💻 후속 활동

학생들에게 그들이 무엇을 했길 바라는 진술들을 결론지으면서 자신만의 '행동하기 전에 생각하기' 이야기를 작성해 보라고 합니다.

행동하기 전에 생각하기

이름: _____   날짜: _____

지시사항: 다음의 이야기를 읽고 마지막 질문에 답해 봅니다.

　부모님이 이혼했을 때 나는 중학교 2학년이었다. 이혼에 대해 신경을 쓰지 않았고, 적어도 그 당시에는 별로 중요하지 않다고 생각했다. 아빠는 집에서 나가서 살았고 나는 엄마와 두 명의 남동생과 함께 살았다. 여전히 아빠와는 자주 만났다.

　문제가 시작된 것은 중학교 2학년이 지난 여름이었다. 처음에는 밤에 집에서 몰래 나와 친구들과 함께 동네를 돌아다녔다. 너무 재미있었고 부모님께 걸리지도 않았다. 그런데 어느 날 밤 우리는 옆 동네에서 온 남자들을 만났다. 그들은 드라이브를 가자고 했고 우리는 그렇게 했다. 그날 밤에 오랫동안 밖에 있다가 집으로 돌아왔지만 엄마는 그 사실을 몰랐다. 이후부터 남자들은 우리 집으로 전화하기 시작했고 다음날 밤에도 그들과 함께 외출할 계획을 세웠다. 집에서 또 몰래 나와서 친구와 함께 그들을 만났다. 남자들이 우리를 하우스 파티에 초대해서 갔는데, 거기에 도착하니 많은 아이들이 술을 마시고 있었다. 그들 중 일부는 술에 취해 거의 정신이 없었고 우리보다 나이가 훨씬 많았다. 주변을 돌아보니 우리를 데려온 남자들이 없어졌다. 집에 어떻게 돌아갈지 조금 걱정이 되었다. 얼마 지나지 않아 누군가 싸움을 시작했고, 어떤 아이들이 경찰이 온다고 소리쳤다. 우리는 그곳에서 나가고 싶었지만 사람들로 가득 차서 그 남자들을 찾을 수가 없었다. 어떻게 해야 할지 몰랐다. 부모님께 전화를 한다면 우리가 어디 있는지 알게 될 것이고, 그러면 매우 곤란해질 거라고 생각했다. 하지만 우리가 정확히 어디에 있는지 몰랐기 때문에 정말 무서웠다.

　결국 아빠에게 전화를 하기로 했다. 아빠가 우리를 데리러 올 거라고 말하셨고, 우리는 여기가 어디인지 위치를 정확히 말해 줄 수 있는 사람을 찾아야 했다. 아빠가 도착하셨고, 엄마는 내가 없는 것을 발견하고는 경찰에 신고했다고 말했다. 우리가 집에 도착했을 때 경찰이 이미 와 있었다. 경찰들은 우리가 이런 일을 또 벌인다면 보호관찰을 받을 수 있다고 경고해 주었다. 그래서 한동안 외출하지 않았는데, 옆 동네 남자들은 계속 우리에게 전화를 했다. 그 뒤로 몇 번 더 그들을 만났지만 마침 여름이 지나가면서 나는 다른

행동하기 전에 생각하기

이야기 2쪽

15세

도시로 이사를 가게 되었다.

　처음에는 새로운 곳이 정말 싫었다. 나는 예전 친구들과 이전 학교를 그리워했다. 그러던 어느 날, 나는 할머니 차를 가지고 친구들과 함께 아빠의 집으로 운전해서 갔다. 도착하기 전에 사고가 났는데 아무도 다치지는 않았지만 크게 다칠 뻔했다. 운전면허증 없이 운전을 했기 때문에 혼날까 봐 두려웠지만 집에 갈 다른 방법이 없었기에 엄마에게 전화하는 것 외에는 선택의 여지가 없었다. 그 후 나는 오랫동안 외출금지를 당했다. 할머니가 내게 크게 실망하셨다는 것을 알고 있었지만, 할머니는 아무 말씀도 하지 않으셨다. 나와 할머니는 매우 가까운 사이였다. 내가 한 일에 대해 죄책감을 느꼈지만, 아무 일이 일어나지 않은 것처럼 행동했고 그 일에 대해 할머니께 어떤 것도 말하지 않았다.

　나는 중학교 3학년 동안 특히 더 내 멋대로 행동했다. 술을 마시고 담배를 피우기 시작했다. 그러다 보니 엄마와 항상 싸우게 되었다. 너무 많은 외출금지도 받았는데 이것이 풀릴 것 같지가 않아서 몰래몰래 계속 도망쳤고, 내가 어디에 있었는지도 거짓말을 했다. 가끔은 붙잡히기도 했다. 나는 행복하지도 않았고, 어떻게 해야 할지도 몰랐다. 부모님은 나를 두고 논의하신 끝에 내가 아빠와 지내는 것이 더 나을 것이라고 결정하셨다. 나는 또다시 이사를 가게 되면서 다른 학교로 전학을 갔다.

　잠시 동안 상황이 나아졌지만, 술을 마시는 아이들과 어울리기 시작했고 거의 주말마다 마시게 되었다. 학교를 많이 결석했고 성적도 매우 안 좋았다. 나는 성관계도 갖기 시작했다. 담배를 살 돈을 벌기 위해 도둑질을 했는데, 처음 몇 번은 걸리지 않았지만 어느 날 백화점에서 옷을 많이 훔치다가 붙잡히고 말았다. 나는 보호관찰을 받게 되었고, 수업에 참석해야 했으며, 지역사회 봉사활동도 해야 했다. 아빠는 내가 누군가와 항상 같이 있도록 하게 하셔서 자유가 많이 없어졌다. 고등학교 1학년이 시작되면서 나는 임신을 하게 됐다. 아빠에게 말했는데 아빠는 낙태를 하게 하셨다. 나는 내게 일어난 일에 대해 생각하지 않으려고 노력했고, 아무도 알아채지는 못하였다. 그러나 이런 일은 반복되었고 또 낙태를 하게 되었다.

　나는 내게 일어난 모든 일에 대해 무감각했다고 생각한다. 변화를 위해서 무엇을 해야 할지 몰랐다. 아빠는 마침내 나에게 약물 남용 치료를 받도록 했다. 하지만 내게 문제가 있다고 생각하지 않았기 때문에 치료를 받기가 싫었다. 그러나 나에게는 선택권이 없었다. 처음

활동지 16

249

행동하기 전에 생각하기

에는 저항을 많이 했지만, 곧 나의 행동들에 대해 이해하기 시작했고 내 인생에 변화를 줄 수 있다는 것을 깨달았다. 학교에도 가기 시작했고 성적도 다시 올라갔다. 이제는 거짓말도 안 하고 더욱 많은 일들을 하기 시작했다. 나를 문제에 빠트리지 않게 해 줄 좋은 친구들도 사귀었다.

과거에 일어난 일들을 바꿀 수는 없다. 나는 두 번 낙태를 했다는 사실과 함께 살아가야 한다. 나쁜 행동을 했고, 도둑질을 했고, 할머니 차를 가지고 사고 낸 것 등, 이런 일들 때문에 할머니와 부모님께 상처를 주었다는 사실과도 함께 살아가야 한다. 하지만 이 모두가 과거였다는 것과 그것에 대해 스스로를 비난하는 것은 더 이상 좋지 않다는 것을 기억해야 한다. 최소한 나는 바뀌었고, 그것이 가장 중요한 사실이다. 지금, 나는 예전보다 훨씬 행복하다.

−제이미, 19세

1. 제이미가 왜 이런 식으로 행동했다고 생각하나요? _____

_____

2. 제이미는 나중에 후회하게 된 어떤 행동들을 했나요? _____

_____

3. 다음의 행동들에 뒤따르는 결과는 무엇이었나요?

차 훔치기 _____

성관계 갖기 _____

도둑질 _____

몰래 집에서 나간 것, 부모님에게 거짓말한 것 _____

음주 및 흡연 _____

이야기 4쪽

행동하기 전에 생각하기

15세

4. 제이미가 행동하기 전에 결과에 대해 생각했다면 제이미의 삶이 어떻게 달라졌을 것이라
고 생각하나요?

_____

_____

_____

_____

_____

_____

활동지 16

신념과 행동

👤 발달의 관점

청소년기에는 매우 감정적이기 때문에 상황을 종종 주의 깊게 생각하지 않고 감정에 따라 행동합니다. 게다가 청소년들의 인지적인 한계는 그들이 합리적으로 생각하는 정도에 영향을 미치며, 결과적으로 이는 행동에도 영향을 미칩니다.

👩 목표

▷ 신념이 어떻게 감정에 영향을 미치는지 배우기
▷ 신념이 어떻게 행동에 영향을 미치는지 배우기

👷 준비물

▷ 각 학생에게 제공할 '신념과 행동−활동지'(활동지 17)와 연필

👩 진행 절차

1. 학생들에게 부정적인 감정을 가졌던 최근 상황에 대해 생각하도록 하고, 구체적인 감정을 파악하도록 요청함으로써 이번 수업을 시작합니다. '신념과 행동−활동지'(활동지 17)를 각 학생에게 나누어 줍니다. 그런 뒤 문자 A 옆에 상황에 대한 간략한 개요를 쓰게 하고, 문자 C(감정적인 결과) 옆에는 감정을 쓰도록 합니다. 그리고 그 상황에서 어떻게 행동했는지 생각하도록 하고 또 다른 C(행동적인 결과) 옆에 행동들을 적게 합니다.

2. 학생들 중에 자신의 상황과 관련된 감정 이야기를 나누고 싶은 사람이 있는지 물어봅니다. 서로 공유한 후에, 다른 학생들에게 그 특정 상황에 대해 똑같은 감정을 느꼈는지 물어봅니다. 의견을 이끌어 내고 다음의 내용을 설명합니다.

두 사람은 똑같은 상황을 경험할 수 있지만, 상황에 대해 다르게 생각하기 때문에 감정도 다르게 느낍니다. 예를 들어, 만약 내가 파티에 초대받지 못했다면, 나는 망연자실할 수도 있습니다. 초대받지 못했다는 것은 내가 인기가 없다는 것이고, 나

는 이 무리에 속하지 못할 것이며, 다른 사람들은 모두 나에 대해 안 좋게 생각할 것이고, 인생은 끔찍할 것이라고 생각할 수 있습니다. 반면에, 실망감을 느낄 수는 있지만 망연자실하지는 않을 수도 있습니다. 초대받지 못했다고 해서 반드시 인기가 없는 것은 아니고, 그것이 미래에도 초대받지 못한다는 것을 반드시 의미하지는 않으며, 다른 사람들은 그것에 대해 많이 생각하지도 않을 것이고, 내가 초대받기를 원했을지라도 인생은 끔찍하지 않다는 것을 생각할 것입니다.

3. 학생들에게 정서적 혼란의 원인인 '비합리적 신념'이라고 불리는 다음 세 가지 유형의 사고를 정의하게 합니다.

   ▶ 자기비하: 자신을 좋지 않다고 생각하는 것, 자신의 행동 방식에 따라 가치 있는 사람인지 아닌지를 결정한다고 생각하는 것, 완벽해야 한다고 생각하는 것

   ▶ 요구: 다른 사람이 항상 내가 원하는 대로 행동해야 한다고 생각하거나, 상황이 항상 내 생각대로만 되어야 한다고 생각하는 것

   ▶ 낮은 욕구좌절 인내심: 모든 일이 나에게는 쉬워야 하고, 내가 불편하게 느껴야 하는 그 어떤 일에도 너무 열심히 하지 않아도 된다고 생각하는 것

   이에 덧붙여, 사람들은 비합리적으로 생각할 때 상황을 실제보다 더 안 좋게 보거나 지나치게 일반화하려는 경향이 있어서 항상 상황을 부풀리면서 최악만을 생각하며, '항상' 또는 '절대 아니다'와 같은 단어를 사용한다는 것을 설명합니다.

4. 학생들에게 자신들의 예에서 비합리적인 신념을 찾고 활동지의 문자 B 옆에 그 신념들을 쓰도록 합니다.

5. 활동지의 D, 즉 논박의 의미에 대해 설명합니다. 이것은 비합리적 신념에 대해 스스로에게 반박하는 질문을 하는 것을 의미한다고 말합니다(예: 이 파티에 초대받지 않았다고 해서 무리에서 정말로 인기가 없다고 생각하는 걸까? 초대받지 못한 다른 이유가 있지 않을까? 그리고 초대받지 못했다고 해서, 다시는 다른 파티에도 초대받지 못한다는 뜻일까? 그것은 세상의 종말일까? 더 안 좋은 일이 있지는 않을까?).

   논박 과정을 통해 강한 부정적 정서에서 보다 적절한 부정적 정서로 변하는 데 도움이 되고, 보통 그 결과로 행동에 영향을 준다고 설명합니다(예: 만약 파티에 초대받지 못한 것에 대해 망연자실한다면, 어떻게 행동할까? 망연자실하지 않고 차라리 실망을 했다면 조금이라도 다르게 행동했을까?). 학생들에게 자신의 예를 살펴보고, 활동지의 D 부분에 논박 몇 가지를 쓰도록 합니다.

6. 전체 그룹에서 예에 대해 토론합니다. 논박 과정을 함께해 봄으로써, 만약 자신의 생각을 바꾸면 어떻게 감정과 행동을 바꿀 수 있는지를 깨닫도록 알려 줍니다.

7. 내용 질문과 개인 질문에 대해 토론합니다.

🗣 토론

내용 질문

1. 비합리적 신념을 알아내는 것이 쉬웠나요?

2. 논박을 찾아낼 수 있었나요? 만약 그렇게 할 수 있었다면, 이것이 감정과 행동에 어떻게 영향을 미칠 수 있는지 알게 됐나요?

개인 질문

1. 일상에서, 화나게 하는 감정들을 더 갖고 있나요, 아니면 온화한 감정들을 더 갖고 있나요?

2. 만약 화나게 하는 감정을 더 가지고 있다면, 이것이 행동에 어떤 영향을 준다고 생각하나요? 예를 들어, 만약 자신이 매우 화가 나고 사람들이 자신을 특정한 방식으로 대해서는 안 된다고 생각한다면, 그들에게 소리를 지르거나 나쁜 말을 하나요? 그리고 만약 화가 조금 덜 난다면 이런 식으로 행동할까요? (예시를 공유합니다.)

3. 만약 행동을 바꾸고 싶다면, 이 수업에서 배운 것을 기초로 어떻게 할 수 있을까요?

🖥 후속 활동

학생들에게 활동지에 제시된 모델을 사용하여 다음 며칠 동안 자신이 강한 부정적 감정을 갖게 되는 한두 가지 상황을 파악하도록 요청합니다. 학생들이 자신의 비합리적 신념과 행동을 확인하고, 그 비합리적 신념에 대해 논박하며, 그들이 감정적으로 덜 화가 났을 때 어떻게 행동할지를 예측하게 합니다.

신념과 행동

이름: _____   날짜: _____

15세

지시사항: 부정적인 감정을 초래한 상황을 생각해 봅니다. 활동지의 지침에 따라 그 상황에 대한 정보를 확인합니다.

A = 사건

부정적인 감정을 초래한 상황을 간략하게 서술합니다.

_____

_____

_____

C = 감정적인 결과

그 상황에 대해 어떻게 느꼈는지 알아봅니다.

_____

_____

_____

C = 행동적인 결과

그 상황에서 어떻게 행동했는지 알아봅니다.

_____

_____

_____

신념과 행동

B = 사건에 대한 신념

부정적인 감정과 행동을 초래한 비합리적 신념을 나열합니다(자기비하, 실제보다 더 안 좋게 상황을 보기, 낮은 욕구좌절 인내심, 당위적 요구).

_____

_____

_____

D = 논박

비합리적인 신념에 어떻게 허점을 찾아낼지를 알아봅니다. 자신이 덜 속상해하도록 스스로 에게 어떤 질문을 할 수 있나요?

_____

_____

_____

어려운 결정들

발달의 관점

어린 청소년들은 나이가 들수록 점점 더 어려운 결정에 직면하게 됩니다. 그들은 여전히 바로 '지금'과 '여기' 이 순간을 주로 생각하고, 자신의 행동의 결과를 고려하지 않습니다. 따라서 청소년들이 직면하는 결정을 신중하게 평가하도록 돕는 것은 그들이 불필요한 부정적 결과를 피하는 데 도움이 될 수 있습니다.

목표

▷ 의사결정의 어려움에 대해 평가하기
▷ 의사결정을 잘할 수 있도록 도와주는 기술 개발하기

준비물

▷ 각 학생에게 제공할 '어려운 결정들-활동지'(활동지 18)와 연필

진행 절차

1. 학생들에게 지금까지 내린 결정 중에서 가장 어려웠던 결정을 생각해 보라고 하면서 이번 수업을 시작합니다. 무엇이 결정을 어렵게 만들었는지, 자신들이 결정을 하는 데 어떤 요소를 고려했는지, 그리고 최종적으로 어떻게 결정을 내렸는지에 대한 몇 가지 아이디어를 이끌어 냅니다.

2. 의사결정 과정에 대해 논의한 후, '어려운 결정들-활동지'(활동지 18)를 각 학생에게 나누어 줍니다. 학생들에게 활동지를 읽고 각 결정들을 어려움에 따라 순위를 매기도록 합니다.

3. 3명씩 한 그룹으로 나누도록 하고 각 그룹에 기록자를 임명합니다. 우선 학생들은 그들의 순위를 공유하고, 그런 다음 각각의 상황에 따를 의사결정 과정에 대해 토론하게 합니다. 기록자는 그들의 반응을 기록해야 합니다.

4. 내용 질문과 개인 질문에 대해 토론합니다.

토론

내용 질문

    1. 이러한 결정들의 어려움에 대해 순위를 매기는 것이 얼마나 어려웠나요?

    2. 이 결정들이 또래 아이들에게 일반적인가요?

개인 질문

    1. 이런 어려운 결정들을 내려야 했던 적이 있었나요?

    2. 어려운 결정을 해야 한다면 어떻게 결정을 하나요?

    3. 기본적으로 자신이 내린 결정에 만족하나요, 아니면 불만족하나요?

후속 활동

학생들에게 예전에 내렸던 어려운 결정, 즉 그 결정에 어떻게 도달했고, 결과에 대해 어떻게 느꼈는지에 대한 이야기를 쓰도록 합니다.

어려운 결정들

이름: _____ 날짜: _____

지시사항: 다음에 있는 각 의사결정 상황들을 읽습니다. 이 결정을 하는 것이 얼마나 어려울 것 같은지 1~5까지 점수를 매깁니다(1=가장 어려움, 5=가장 덜 어려움).

_____ 1. 방과 후 학교 밖에 서서 엄마 차를 기다리고 있습니다. 수업을 같이 듣는 한 아이가 다가와서 담배를 사고 싶은지 물어봅니다. 그러면서 싸게 주겠다고 말합니다. 당신은 담배를 살 건가요?

_____ 2. 별로 좋아하지 않는 사람과 사귀고 있지만, 그 사람에게 상처를 주고 싶지 않아서 그 사람에게 말하는 것을 두려워합니다. 당신은 그와 헤어질 건가요?

_____ 3. 친구와 백화점에 갔는데, 친구가 CD를 셔츠 밑에 넣는 것을 보았습니다. 당신은 친구를 신고할 건가요?

_____ 4. 집에 돈이 많지 않은데, 몇몇 부유한 아이들과 친구가 되기 시작했습니다. 그들은 당신의 집에서 놀고 싶어 하지만, 집이 별로 좋지 않습니다. 당신은 그들에게 진실을 말할 건가요, 아니면 오지 못하도록 계속 변명할 건가요?

_____ 5. 아주 중요한 시험이 있는데 공부할 시간이 없습니다. 옆에 앉아 있는 아이는 정말로 똑똑한데, 좋은 성적을 받기 위해서 그 아이의 답을 베끼는 것을 생각하고 있습니다. 당신은 베낄 건가요?

_____ 6. 부모님은 당신에게 나쁜 영향을 줄 것 같은 몇몇 아이들과 사귀는 것을 허락하지 않습니다. 당신이 하고 싶은 대로 하기 위해 부모님께 거짓말을 할 건가요?

어려운 결정들

_____ 7. 친구의 집에 있는데, 그의 부모님이 외출하셨습니다. 친구의 형과 무리들이 맥주를 마시고 있는데, 당신에게 맥주를 권합니다. 당신은 그것을 받을 건가요?

_____ 8. 누군가를 매우 사랑하고 있는데, 그 사람이 당신과 성관계를 갖고 싶어 합니다. 당신은 관계를 가질 건가요?

_____ 9. 친구가 별로 없는데, 어느 무리에 속해 있고 싶어 합니다. 조폭들이 하는 특정한 일들을 해낸다면 조폭의 멤버가 될 수 있다는 것을 알고 있습니다. 당신은 조폭 멤버가 될 수 있도록 그런 일들을 할 건가요?

_____ 10. 많은 친구들이 담배를 피우기 시작했습니다. 당신은 정말 담배를 별로 좋아하지 않지만 당신이 담배 피우지 않는다는 것을 친구들이 몰랐으면 합니다. 당신은 담배를 피우기 시작할 건가요, 시작하지 않을 건가요?

해결하자!

발달의 관점

청소년들은 주로 미래보다는 현재를 생각합니다. 많은 청소년들은 자신이 하는 행동이 어떤 결과를 가져오는지 파악할 수 있다고 주장하지만, 강한 호기심 때문에 무언가를 시도해 보고 싶어 합니다. 그들은 적절한 결정을 내리거나 어려운 딜레마를 해결하기 위해 상황을 신중히 생각할 능력이 부족합니다.

목표

▷ 문제해결 과정 배우기

▷ 이 과정을 자신이 현재 갖고 있는 문제에 적용하는 연습하기

준비물

▷ 각 학생에게 제공할 종이와 연필

▷ 다음의 질문이 적힌 종이

－가끔 그 결과가 어떨지 그냥 궁금해서 무언가를 하기로 결정하나요?

－만약 그렇게 한다면 그것에 따를 결과를 생각하나요?

－결정을 내릴 때, 보통 다른 사람들과 상의하나요, 아니면 스스로 결정하나요?

－어떤 결정을 해야 할 때, 보통 충동적으로 하나요?

－어떤 결정을 해야 할 때, 보통 신중히 생각하나요?

▷ 다음의 문장이 인쇄된 큰 종이

S 문제 또는 딜레마를 구체화하라(Specify)

O 모든 정보를 잘 정리하라(Organize)

L 모든 선택지들을 고려하라(Look)

V 가정들의 정확성을 확인하라(Verify)

E 의도를 조사하라(Examine)

I 대안 및 결과를 파악하라(Identify)

T 최상의 대안을 택하고(Take) 시도해 보라

▷ 마스킹 테이프

🧑‍🏫 진행 절차

1. 질문이 적힌 용지를 보여 주면서 각 질문을 읽고 학생들에게 종이에 '예' 또는 '아니요'를 쓰게 하면서 수업을 시작합니다.

2. 학생들이 모두 답한 후, 답변에 대해 토론하도록 합니다(또는 짝을 지어서 자신의 답변을 토론하도록 합니다).

3. '해결하자!(SOLVE IT!)' 모델이 적힌 종이를 보여 줍니다. 이 모델을 사용하여 다음과 같이 말합니다.

> 문제를 해결하는 과정에서는 먼저 문제가 무엇인지 명확하게 찾은 후, 다음과 같이 해야 합니다.
>
> 모든 정보를 정리합니다.
>
> 선택지들을 봅니다.
>
> 가정들의 정확성을 확인합니다(예를 들어, 파티에서 술을 마시지 않으면 친구를 잃게 될 것이라고 생각할 수도 있지만, 술을 마시지 않은 사람 중에 여전히 친구인 사람이 있지 않나요?)
>
> 의도를 조사합니다.
>
> 모든 대안 및 가능한 결과들을 파악합니다.
>
> 마지막으로, 최상의 대안을 선택하고 시도해 봅니다.

학생들에게 자발적으로 예를 함께 나누게 하고, 그룹으로 그 과정을 진행하도록 요청합니다.

4. 예가 모두 제시되고 학생들이 과정을 완벽히 이해한 후, 각자 자신의 예를 생각하고 그 모델을 사용하여 복습하도록 합니다. 학생들이 자신의 예에 대해 파트너와 토론할 시간을 갖습니다.

5. 내용 질문과 개인 질문에 대해 토론합니다.

🧑‍🏫 토론

내용 질문

1. 이 문제해결 과정을 거치는 것이 어땠나요?

2. 이 과정은 문제를 해결하는 데 도움이 될 거라고 생각하나요?

개인 질문

1. 이 모델을 개인적인 예에 적용했을 때 더 많은 선택지, 대안 또는 결과를 파악하는 방법을 배웠나요?

2. 문제를 해결할 때 보통 결정을 내리기 전에 가정한 것을 먼저 확인하나요? 그렇지 않다면 어떤 영향이 미치나요?

15세

 후속 활동

학생들에게 '해결하자!' 모델을 사용하고 이것이 어떻게 적용되는지를 보고하도록 합니다.

Note

Note

Note

Note

Note

Note

저자 소개

앤 버논(Ann Vernon) 박사는 미국 노던아이오와대학교의 명예교수이며, 오랫동안 학교 및 정신건강 프로그램의 상담 코디네이터로 재직하였다. 그녀는 수많은 저서와 논문을 집필하였으며, 주로 아동 · 청소년 상담, 발달 상담, 아동 · 청소년에 대한 REBT의 적용을 다루는 30권 이상의 책을 저술하였다. 이 외에도 미국, 캐나다를 비롯한 여러 나라에서 REBT 워크숍을 수행하였다.

역자 소개

박경애(Park, Kyungae)
한국상담심리학회, 한국상담학회 수련감독자이며, 현재 광운대학교 교육대학원 상담심리, 심리치료교육 전공 주임교수 및 동 대학교 일반대학원 교육학과 상담교육 학과장으로 재직 중이다. 미국 미주리 대학교(University of Missouri-Columbia)에서 교육 및 상담심리학으로 박사학위를 받았으며, 1995년 엘리스연구소에서 Ellis Scholar로 선정되는 영예를 얻었다. 1997년 REBT 지도감독 자격증(Supervisory Certificate)을 취득하였고, 영국 킹스 칼리지 런던(King's College of London)의 정신의학 · 심리학 · 신경과학연구소(Institute of Psychiatry, Psychology, and Neuroscience)에서 교환교수를 역임하였다. 국내에서는 광운대학교 교육대학원장과 학교상담학회장을 역임하였고, 2019년에는 한국REBT인지행동치료학회를 창설하여 회장으로 취임하였으며, 한국REBT인지행동치료 상담센터(www.rebt.kr)에서 슈퍼바이저로 활동하며 REBT 전문가를 양성하고 있다. 2022년 광운대 참빛교육상, 2010년에는 국무총리상을 수상하였다.
대표 저 · 역서로는 『인지정서행동치료』(2022), 『상담사례 슈퍼비전』(공저, 2022), 『인지정서행동치료(REBT)와 집단상담』(2020), 『REBT 클로버 보드게임: 집단상담 및 정서교육 프로그램』(2020), 『인지정서행동치료(REBT) 단회기 상담사례』(2018), 『아동 및 청소년을 위한 인지행동치료』(2013), 『아동 및 청소년을 위한 인지행동치료 상담사례』(2013), 『인지정서행동치료(REBT)』(1997), 『REBT를 활용한 정서교육 프로그램 초등학생용/중 · 고등학생용』(역, 2018), 『인지치료기법』(역, 2019), 『왜 나는 계속 남과 비교하는 걸까』(역, 2015), 『결혼의 신화』(역, 2012), 『우울과 불안장애의 치료계획과 개입방법』(역, 2008), 『우울증 스스로 극복하기』(역, 2005) 등이 있다.

박수진(Park, Su Jin)
광운대학교 대학원 교육학(심리치료교육전공) 석사
광운대학교 대학원 교육학(상담교육전공) 박사
현 한국REBT인지행동치료상담센터 수석상담원

김석우(Kim, Seokwoo)
광운대학교 대학원 교육학(상담심리전공) 석사
현 광운대학교 대학원 교육학(상담교육전공) 박사 수료

정다운(Jung, Dawoon)
캐나다 브리티시컬럼비아대학교(심리학전공) 학사
현 광운대학교 대학원 교육학(심리치료교육전공) 석사 재학

REBT 기반 인성교육 프로그램 ❷
−창의적 사고와 포용을 중심으로

The Passport Program
-A Journey through Emotional, Social, Cognitive, and
Self-Development

(중학생용 · 13~15세 권장)

2023년 1월 25일 1판 1쇄 인쇄
2023년 2월 5일 1판 1쇄 발행

지은이 • Ann Vernon
옮긴이 • 박경애 · 박수진 · 김석우 · 정다운
펴낸이 • 김진환
펴낸곳 • ㈜**학지사**

        04031 서울특별시 마포구 양화로 15길 20 마인드월드빌딩
대표전화 • 02-330-5114   팩스 • 02-324-2345
등록번호 • 제313-2006-000265호

홈페이지 • http://www.hakjisa.co.kr
페이스북 • https://www.facebook.com/hakjisabook

ISBN 978-89-997-2830-3 93180

정가 18,000원

출판미디어기업 **학지사**

간호보건의학출판 **학지사메디컬** www.hakjisamd.co.kr
심리검사연구소 **인싸이트** www.inpsyt.co.kr
학술논문서비스 **뉴논문** www.newnonmun.com
교육연수원 **카운피아** www.counpia.com